Wolf-Ulrich Klünker

Christus und das Schicksal des Menschen

Wolf-Ulrich Klünker

Christus und das Schicksal des Menschen

Ansätze einer christologischen Menschenkunde

Verlag Freies Geistesleben

1. Auflage 2001
Verlag Freies Geistesleben
Landhausstraße 82, 70190 Stuttgart
Internet: www.geistesleben.com

ISBN 3-7725-1741-2

Umschlagmotiv: Susanne Hörz
Druck: Offizin Chr. Scheufele, Stuttgart

Inhalt

Einführung: Entwicklungsansätze für die Zukunft?

Alanus ab Insulis spricht am Ende des 12. Jahrhunderts von einer Zukunft des Christentums, die in einer Entwicklungsbeziehung von Glaube und wissenschaftlicher Erkenntnis besteht. Diese Anschauung war für das Mittelalter ungeheuerlich und ist bis heute in ihrer weitreichenden Dimensionalität nur ansatzweise erkannt. Sie lässt allerdings eine Entwicklungsperspektive erahnen, die wie ein inneres Licht in der Seele leuchten kann. Interessanterweise ist sie in der Lage, ein Glücksgefühl und eine gewisse Zuversicht zu bewirken: «Es ist überliefert, dass der Glaube in Zukunft überflüssig und seine Nachfolge die Wissenschaft sein wird, also die sichere Erkenntnis. So wird das Verständnis ein anderes sein als das heutige rätselhafte.»[1]

Das 19. und insbesondere das 20. Jahrhundert haben an eine Grenze des Christentums geführt. Christliche Gebräuche und Lebenshaltungen, aber auch Glaubens- und Erkenntnisinhalte der christlichen Überlieferung sind erschüttert und außer Kraft gesetzt. In Europa und einigen anderen Weltregionen existiert das Christentum als äußere kulturelle Form und Hülle zwar fort, aber es fällt schwer, es innerlich noch zu erfüllen. In weiten Kreisen breiten sich innere Gleichgültigkeit und Ablehnung aus, wobei das Desinteresse noch stärker an der christlichen Substanz zu nagen scheint als ihre direkte Infragestellung oder Verneinung.

So ist auch das überlieferte christliche Menschenverständnis an sein Ende gekommen. Die spirituellen christlichen Traditionen des Mittelalters werden inhaltlich nicht mehr verstanden, oder sie lösen eine Empfindung aus, die schnell in das Urteil übergeht, sie seien mit der gegenwärtigen naturwissenschaftlichen Betrachtung des Menschen nicht zu vereinbaren und damit überholt. Vielfach fehlt selbst in theologischen Kreisen der Wille, sich beispielsweise auf die Anthropologie des Thomas von Aquin nachdrücklich einzulassen und die geistige Spannkraft zu entwickeln, die notwendig wäre, um ihre innere Substanz freizulegen. So kann die Bedeutung dieses mittelalterlichen Erbes für die Gegenwart kaum noch erahnt werden. – Eine bloße Fortschreibung der christlichen Überlieferung vom Menschen in die Zukunft hinein erscheint nicht möglich, weil die Inhalte der Vergangenheit nicht mehr verstanden werden können. Es fällt auch immer schwerer, sie gemüthaft zu erleben; denn die menschliche Seele selbst hat Veränderungen durchgemacht, welche auch die Erlebnisregion des Christentums zunehmend verstellen. So sieht sich das Bewusstsein beinahe zwangsläufig vor die Alternative gestellt, entweder die christliche Überlieferung vom Menschen als überholt zu betrachten oder aber sich auf *ihre alte Gestalt* zu besinnen. Im ersten Fall würde ein zukunftsfähiges Selbstverständnis des Menschen das Christentum hinter sich lassen, im zweiten Fall würde man indirekt zugeben, dass nur christliche Vergangenheit die Zukunft bestimmen kann.

Die wiedergegebene Aussage des Alanus ab Insulis sieht eine Zukunft jenseits dieser Alternative. Merkwürdigerweise sieht Alanus *in der wissenschaftlichen Entwicklung selbst* die Zukunft des Christentums, indem dieses nämlich die eigene ältere Beziehung auf den Glauben in eine Erkenntnishaltung verwandelt. So erscheint die Wissenschaft nicht als Gegensatz des Glaubens, der Glaube auch nicht als Ergänzung zur Wissenschaft, sondern es wird ein Entwicklungsverhältnis zwischen beiden angedeutet. Wenn Wissenschaft und sichere Erkenntnis den Glauben im Christentum ablösen, dann handelt es sich offenbar um Erkenntnishaltungen, die die ältere Glaubensausrichtung in sich aufnehmen und verwandeln. Deshalb kann nicht gemeint sein, dass eine Wissenschaft entsteht, die – inhaltlich oder in der Gemütsstimmung – auf Glaubensvoraussetzungen beruht.

Das christliche Menschenverständnis des 13. Jahrhunderts hat versucht, die Glaubensüberlieferung des Neuen Testaments und der ersten christlichen Jahrhunderte mit dem damaligen wissenschaftlichen Denken zu verbinden. Dieses wissenschaftliche Denken sah sich zunehmend in der Tradition des Aristoteles, dessen christliche Rezeption allerdings noch am Anfang stand. Insbesondere Albertus Magnus und Thomas von Aquin arbeiteten im letzten Drittel des 13. Jahrhunderts daran, den Eindruck zu überwinden, es bestehe ein Widerspruch zwischen christlicher Überlieferung und aristotelischer Wissenschaftsgesinnung. – Für die Gegenwart ist festzustellen, dass ein direkter Anschluss auch an diese Arbeiten nicht möglich ist. Denn sowohl die Glaubensüberlieferung als auch der christliche (und der außerchristliche!) Aristotelismus sind zu Traditionen geworden, die weder dem direkten Erleben, noch der unmittelbaren Erkenntnis zugänglich sind. Diese Erlebnis- und Erkenntnisquellen der Vergangenheit sind zunächst versiegt und verschlossen; würde man heute unmittelbar auf sie zurückgreifen wollen, so könnte man leicht in eine traditionalistische Erstarrung geraten. Andererseits ist es auch kaum möglich, im Sinne eines christlich-fundamentalistischen Menschenbildes sich beispielsweise auf die Anthropologie des Thomas von Aquin unmittelbar zu berufen. Ebenso unmöglich erscheint es, an die unmittelbare Wirkung christlicher Glaubenskraft für die Lebensgestaltung des gegenwärtigen Menschen, etwa als mögliche therapeutische Wirksamkeit, zu appellieren. Würde in einer solchen naiven Weise auf die Vergangenheit zurückgegriffen, so ließen sich eher Krankheits-

und Degenerationskräfte als gesundende Wirkungen hervorrufen – ganz davon abgesehen, dass es weder eine kulturelle noch eine wissenschaftliche Akzeptanz für solche Ausrichtungen geben könnte. Schließlich erscheint auch der Weg als problematisch, die allgemeine Wissenschafts- und Kulturentwicklung gleichsam resigniert anzuerkennen und gleichzeitig zu versuchen, in gesellschaftlichen Seitenbereichen und für besonders motivierte Menschen christliches Menschenverständnis sowie die ältere Spiritualität zu erhalten, unter Umständen sogar therapeutische Maßnahmen darauf zu gründen. Es gibt in der Gegenwart verschiedene christliche Gruppierungen im weitesten Sinne, deren Anschauungen und Lebensweisen für die betreffenden Menschen durchaus Gültigkeit besitzen können. Allerdings bleibt die Frage offen, ob nicht die weltanschauliche Ausrichtung und die anthropologische Praxis der Kultur insgesamt im naturwissenschaftlichen Menschenbild die lebendige Beziehung auf die christlichen Quellen verloren haben. Damit entsteht zunehmend die Gefahr, dass das Christentum seinen handlungsrelevanten und sachlich gerechtfertigten Realitätsbezug verliert und zur weltanschaulichen Freizeitorientierung herabsinkt.

So bleibt nur die Möglichkeit, ein nüchternes Resümee zu ziehen und eine gesicherte Urteilsbildung für die Frage anzustreben, ob eine wirkliche *innere* Verbindung von christlichem Denken und zukunftsfähiger Anthropologie besteht: nicht *herzustellen* ist, sondern *besteht* – das heißt, es kann nicht darum gehen, solche Zusammenhänge zu konstruieren. Das Ziel kann nur darin bestehen, einerseits eine wirkliche inhaltliche Bezogenheit festzustellen und in ihren menschenkundlichen wie lebenspraktischen Konsequenzen zu betrachten, andererseits zu bemerken, welche Folgen aus einer endgültigen Trennung von christlichem Menschenverständnis und naturwissenschaftlichem Menschenbild hervorgehen müssten.

Es kann kein «christliches Menschenbild» im alten Sinne mehr geben; die Zeiten christlicher Dogmatik und inhaltlicher Verpflichtung sind endgültig vorbei. Muss aber deshalb die Frage nach christlicher *Wahrheit* aufgegeben und auf die fast schon als beliebig zu erlebende Subjektivität des Glaubens verwiesen werden? Wie kann es menschliche Selbsterkenntnis in einem christlichen Sinne geben, die nicht dogmatisch oder konfessionell gebunden ist und zugleich die Wahrheitsfrage aushält? Offenbar ist ein neuer Wahrheitsbegriff notwendig, will man nicht in die hier gemeinte Zukunftsperspektive von vornherein Vergangenheitselemente mischen.

«Man lerne die Wahrheit, zu der sich unser Verstand bekennt, in ihrer naturgemäßen Entwicklung von ihren Vorfahren, von ihren Vor-Wahrheiten kennen, und man wird mit dem Herzen dem Verstande folgen können. Der Mensch aber, der mit seinem Verstande an der Naturerkenntnis und mit seinem Herzen, ohne dass er ahnt, wie stark – an den kirchlichen Überlieferungen hängt, gleicht einem Lebewesen, das über die Stufe des Fisches in seinem Körperbau längst hinaus ist und das doch noch im Wasser schwimmen möchte.»[2] Diese Worte hat Rudolf Steiner zu Beginn des 20. Jahrhunderts, also vor nunmehr hundert Jahren, seinem Buch *Das Christentum als mystische Tatsache* in einem ersten Vorwort vorangestellt. Er deutet damit einen Wahrheitsbegriff an, der nicht zu einem Absolutheitsanspruch führt und trotzdem die Frage nach der Wahrheit nicht aufgibt. Wahrheit wird damit nicht beliebig, nicht willkürlich, nicht subjektivistisch, sondern in einem Entwicklungszusammenhang gesehen. In diesem Sinne wäre zu fragen, welche Entwicklungsbeziehung zwischen der christlichen «Wahrheit» der Vergangenheit und dem gegenwärtigen weitgehend naturwissenschaftlich geprägten Menschenbild – und dem daraus längst hervorgegangenen Lebensgefühl! – besteht. Ein solcher Entwicklungszusammenhang von vergangener und gegenwärtiger «Wahrheit» könnte eine Zukunftsdimension erschließen – nicht nur für ein theoretisches Menschenverständnis, sondern auch für die Wirklichkeit eigener Lebensbestimmtheit. Denn das jeweilige Menschenbild ist einerseits Ausdruck einer Lebenswirklichkeit und eines Lebensgefühls, andererseits prägen die kulturell, wissenschaftlich und therapeutisch wirksamen anthropologischen Begriffe auch das Selbstverständnis und die Existenzform der Menschen bis in ihre körperliche Verfassung hinein.

Etwa 15 Jahre später deutete Rudolf Steiner einen Weg an, durch wissenschaftliches Denken die christliche Wahrheitsfrage zu vertiefen, und zwar nicht nur im Sinne einer neuen Anthropologie, sondern auch um die individuelle Bemühung um Selbsterkenntnis zu bestärken. In Anknüpfung an Aristoteles kommt er «auf etwas, was dem Menschen der Gegenwart gesagt werden muss, wenn er die Frage aufwirft: Wie kann ich nun selbst durch die inneren Seelenerlebnisse auf sichere Art, ... wie kann ich einen sicheren Weg finden, in mir selbst die Quellen für das Mysterium von Golgatha zu eröffnen?»[3]

Hier scheint darauf hingewiesen zu sein, dass rechtverstandenes, an Aristoteles (als den Anfangsort naturwissenschaftlicher Menschenkunde) angeknüpftes Denken der christlichen Überlieferung vom Menschen nicht widerspricht, sondern sie im Sinne einer Selbsterkenntnisbemühung sogar vertiefen kann. Das naturwissenschaftliche Denken hat mit Aristoteles begonnen; es hat im Mittelalter eine christliche Ausgestaltung erhalten, die heute weitgehend in Vergessenheit geraten ist. Dennoch wirkt der Aristotelismus in seiner christlichen und auch in seiner außerchristlichen Gestalt als Grundlage gegenwärtigen wissenschaftlichen Denkens vom Menschen weiter, auch wenn diese Grundlage weithin nicht ins Bewusstsein aufgenommen wird. Rudolf Steiner möchte anscheinend andeuten, dass das Bemerken des Entwicklungszusammenhangs von christlicher und aristotelisch-naturwissenschaftlicher Wahrheit zur Vertiefung des eigenen Selbstverständnisses und darüber hinaus zur christlichen Menschenkunde der Zukunft führen kann.

I.
Mensch und Engel

Willst du gesund werden?

Jesus Christus kommt an einen See mit dem hebräischen Namen Betzata. Dort befinden sich fünf so genannte «Säulenhallen», in ihnen halten sich kranke Menschen auf. Sie warten auf eine «Bewegung des Wassers», bewirkt von einem Engel, der von Zeit zu Zeit hinabsteigt und das Wasser in Bewegung versetzt. Man wusste, wer in einer solchen Situation zuerst in das Wasser gelangt, der wird gesund. – Ein Mann, der seit nahezu vier Jahrzehnten krank ist, hat bisher niemals als Erster das Wasser erreichen können. Jesus Christus erscheint, hört von seinem Schicksal und fragt ihn: «Willst du gesund werden?» Der Kranke antwortet im Hinblick auf das alte Gesundungsprinzip, es gebe keinen Menschen, der ihn bei der Bewegung des Wassers an den See bringe; immer komme ihm ein anderer zuvor. Jesus Christus darauf: «Steh auf, nimm dein Bett und geh umher.» Der Mann gesundet in der Folge dieser Aufforderung und geht mit seinem Bett umher.

Dieses Geschehen wird im Johannes-Evangelium zu Beginn des fünften Kapitels erzählt. Gerade die Aussage über den Engel (Vers 4) ist in dem ursprünglichen griechischen Text, aber auch in seiner lateinischen, im christlichen Mittelalter wichtigen Übersetzung sehr unsicher. Die philologisch erreichbaren Textunterlagen machen wahrscheinlich, dass diese Aussage später hinzugefügt wurde: «Ein Engel des Herrn stieg aber von Zeit zu Zeit in den See hinab und bewegte das Wasser. Und wer als erster in den See hinabstieg nach der

Bewegung des Wassers, wurde gesund, von welcher Krankheit er auch immer befallen war.» – Ein philologisches Urteil über diesen Vers braucht hier nicht gefällt zu werden; letztlich sind weder die philologisch erreichbaren Textversionen, noch das Alter der textlichen Überlieferung einer Stelle aussagefähig im Hinblick auf ihre geistige Substanz und ideelle Zugehörigkeit zum Johannes-Evangelium. Wie immer man sich zu dieser Frage stellt, interessant ist auf jeden Fall, dass zur Erklärung der Bewegung des Wassers auf die geistige Kraft des Engels verwiesen wird – gleichgültig, ob diese Erläuterung ursprünglich mit der Schilderung verbunden war oder später hinzugefügt wurde.

Im 13. Jahrhundert berücksichtigt Thomas von Aquin in seiner Auslegung der Stelle die Aussage über den herabsteigenden Engel. Er spricht von der Gesundungskraft des Sees als einer Kraft, die von einem Engel ausgeht, und vergleicht sie mit der Wirkung der Taufe. In beiden Fällen handele es sich um eine Kraft, die das Wasser nicht seiner Natur nach besitze, denn dann würde das Wasser immer heilende Wirkung ausüben. Es verhalte sich vielmehr so, dass eine verborgene Kraft wirke, die geistige, das heißt übernatürliche Kraft des Engels. In ähnlicher Weise erhalte das Wasser der Taufe seine Wirkung aus der Kraft des heiligen Geistes. Ein Unterschied bestehe allerdings darin, dass die in der Taufe wirksame geistige Kraft kontinuierlich weiterwirke, während die Heilungskraft durch den Engel jeweils nur einmal und zu bestimmter Zeit wirke. Außerdem würde durch die Kraft in der Bewegung des Wassers durch den Engel jeweils nur *ein* Mensch gesund, während in der Kraft der Taufe prinzipiell *alle* gesunden könnten. – Schließlich weist Thomas auf einen Zusammenhang hin, der die spätere Hinzufügung der Aussage über den Engel erklären könnte. Zugleich wird dabei deutlich, dass der Text auch ohne direkten Verweis auf den Engel dieselbe Aussage besitzen würde: «So wird das bewegte Wasser wahrgenommen, es wird aber nicht wahrgenommen, von wem es bewegt wird.»[4]

Thomas überlegt, warum Christus die Frage an den Kranken richtet: «Willst du gesund werden?» Denn es scheint doch wirklich festzustehen, dass dieser gesund werden wolle. Aber Christus wolle eben den Willen des Mannes ansprechen und wachrufen. Für «Wille» steht im lateinischen Text des Thomas *desiderium:* Verlangen, Begehren, Wille.[5] Thomas weist darauf hin, dass sicherer erhalten wird und leichter wirklich auf- und angenommen wird vom Menschen, was er mit dem Willen erlangt. Man könnte hinzufügen: In jedem Krankheitsprozess stellt sich immer wieder die Frage «willst du gesund werden?», und sie muss stets von neuem mit einem Willensentschluss des Erkrankten beantwortet werden. Dieser Vorgang führt zur Gesundheit, und er ist wichtiger und schwieriger, als man zunächst annimmt. Denn es ist klar, dass die Antwort auf die leicht modifizierte Frage «willst du gesund *sein*?» einfach wäre. Bei der Frage «willst du gesund *werden*?» kann die Antwort jedoch nicht einfach «ja» lauten, sondern ich muss mit dem Ja die Zustimmung zu einem Gesundungs*weg*, zu einem Entwicklungs*prozess* verbinden – eine plötzliche Wunderheilung, mit der ich nichts zu schaffen habe, die mich unverändert lässt, ist damit ausgeschlossen. Ich bin mit dem Heilungsweg verbunden, er hängt von mir ab.

Wie wirkt der Engel auf die Bewegung des Wassers? Wie wirkt eine geistige Kraft auf eine elementarische Bewegung? Welcher Zusammenhang besteht zwischen geistiger Kraft, Bewegung im Element des Wassers (und auch den anderen Elementen Erde, Luft und Wärme bzw. Feuer) und der Heilung eines Menschen? – Der Engel wirkt als geistige Kraft nicht auf das Wasser schlechthin, sondern er bringt eine *Bewegung des Wassers* hervor. Eine Bewegung des Wassers kann elementarisch von «unten» oder von «oben» hervorgebracht werden:

Die das Wasser umgebende feste Materie, die Erde oder auch etwa ein Behälter aus fester Materie, können sich verändern und so das Wasser von «unten» in Fluss bringen; oder aber von «oben» wirkt das Luftelement auf das Wasser. Luftbewegung bewirkt Wellenbewegung. (Für den See Betzata ist davon auszugehen, dass hier nur an eine Bewegung des Wassers von «oben», also durch die Luft, gedacht werden kann; Veränderungen des Ufers oder des Seegrundes sind weniger wahrscheinlich.) Die Luft ihrerseits wird elementarisch durch Wärmeveränderungen bewegt, beispielsweise bei dem Wind, der einem Gewitter vorausgeht. Temperaturunterschiede und -schwankungen bringen Luftbewegungen hervor. Mit der Wärme aber ist das höchste, gleichsam das geistige Element erreicht; diejenige Kraft, die auf die Wärme wirkt, kann als unmittelbar geistige Kraft verstanden werden. Dann aber wirkt der Engel, indem seine geistige Kraft Wärmeveränderungen, von da aus Luftmodifikationen und von da aus die Bewegung des Wassers hervorruft.

Das Wasser ist das Element der ätherischen Wirklichkeit, ebenso wie die Erde das Element physischer Wirklichkeit ist. Entsprechend ist die Luft als das Element der astralischen Wirklichkeit, die Wärme bzw. das Feuer als Element der Ich-Ebene zu betrachten. Die Bewegung des Wassers entspricht der Bewegung im Ätherisch-Lebendigen, dem Lebensleib als dem Träger von Gesundheits- und Krankheitsvorgängen im Menschen. Prozesse des Ätherleibes sind Wasser- bzw. Flüssigkeitsbewegungen, die Einflüssen des rhythmischen Systems und damit der Atmung, aber auch Einwirkungen von Wärmevorgängen unterliegen. Die geistig bewirkte Bewegung des Wassers im See setzt sich gleichsam in die ätherische Lebensbewegung, in den Flüssigkeitsprozess des Erkrankten fort, der als Erster das Wasser erreicht. So gesundet der Mensch durch eine außer ihm liegende geistige Kraft (des Engels), die über eine ebenfalls außerhalb des Menschen liegende Naturwirkung (des Wassers) Einfluss auf die ätherische Organisation nimmt.

Christus unterzieht nun diese «alte», geistig-elementare Wirkungsweise einer unausgesprochenen Kritik. Er verinnerlicht und individualisiert sie. Es wirkt nicht mehr die äußere geistige Kraft des Engels, auch die äußeren Elemente werden nicht herangezogen. Es ist nicht mehr nötig, dass der Mensch eine äußere Bewegung im Elementarischen beobachtet, um möglichst schnell mit einer körperlichen Eigenbewegung (möglichst schnell zum Wasser zu gelangen) darauf zu reagieren. Die äußere Fortbewegung, der Gang zum Wasser, wird durch eine innere Bewegung ersetzt: «Willst du gesund werden?» Damit ist der Mensch nicht mehr von den äußeren Elementen und ihrem Bewegtwerden durch die geistige Welt abhängig. Außerdem entfällt die Exklusivität der Wirkung: Der Heilungsvorgang wird nicht durch den körperlichen Zustand und die körperliche Bewegung, also insgesamt nicht mehr durch die leibliche Existenz des Erkrankten bestimmt, sondern durch eine geistig-seelische Bewegung im Ich, durch eine Willensbestimmung. Die geistige Kraft, die nun auf das ätherisch-elementarische Geschehen des Leibes wirkt, ist nicht mehr äußere Engelkraft, sondern innere Ich-Kraft. Durch sie, nicht mehr durch die gegebene körperliche Existenz, wird der Heilungsvorgang jetzt individualisiert.

Auch für die heilende Wirkung geistiger Ich-Kraft ist daran zu denken, dass sie sich von «oben» vermittelt. Die neue Konfrontation mit mir selbst und die damit verbundene Willensausrichtung bewirkt eine neue Seelenhaltung; diese wiederum wird mit veränderten seelischen und damit auch körperlichen Wärme- bzw. Kälteprozessen verbunden sein, die ihrerseits ganz nuanciert und kaum bemerklich die Luftbewegungen in der Atmung modifizieren. Diese wiederum wirken auf die ätherischen Kräfte- und Flüssigkeitsbewegungen im Organ-

Der heute allgemein bekannte Zusammenhang des Neuen Testaments ist erst relativ spät entstanden. In seiner heutigen Gestalt bildet es nicht die Grundlage, sondern ein Ergebnis der christlich-theologischen Entwicklung der ersten Jahrhunderte. Einige Schriften waren zunächst umstritten, beispielsweise der Hebräer-Brief und die Johannes-Apokalypse. Andere wurden in den Kanon des Neuen Testaments nicht aufgenommen, etwa die apokryphen Evangelien (das Evangelium nach Philippus, nach Thomas etc.). Die Überlieferung des ursprünglich griechischen Textes ist an vielen Stellen unsicher; so enthält beispielsweise die Auslegung des Johannes-Evangeliums von Origenes keinen Hinweis auf die berühmte Erzählung von der Ehebrecherin («wer von euch ohne Sünde ist, werfe als Erster einen Stein auf sie»). Der Grund ist einfach darin zu sehen, dass das Johannes-Evangelium, das ihm vorlag, die Erzählung von der Ehebrecherin noch nicht enthielt.

Insgesamt lässt sich feststellen, dass sich das Verhältnis zu den Schriften des Neuen Testaments, insbesondere zu den Evangelien, im Laufe der christlich-theologischen Entwicklung stark gewandelt hat. Dies gilt auch für die Beziehung zu den so genannten apokryphen Evangelien. Die genannten Schriften galten zunächst als Offenbarung eines unmittelbar göttlichen Geschehens, als schriftlicher Ausdruck geistiger Wirklichkeit. Dabei wurde ihnen jeweils unterschiedliche Authentizität zugemessen, was sich bereits in der Aufnahme bestimmter Schriften in den neutestamentlichen Kanon bzw. in der Ausschließung anderer dokumentiert. Nachmittelalterlich, insbesondere seit dem 18. Jahrhundert, führte die Entwicklung dahin, dass die frühchristlichen Dokumente nicht mehr als Ausdruck geistiger Wirklichkeit, sondern als Überlieferung älteren Gemeindeglaubens oder bestimmter menschlicher Anschauungen betrachtet wurden. Später wurde auch in Frage gestellt, ob dieser Ausdruck menschlicher Anschauung immer authentisch sei, und man sah in den Schriften Dokumente von religiösen, teilweise auch sozialen und politischen Auseinandersetzungen. Insofern menschliche Motive und Interessen hineinspielten, bemerkte man in den Überlieferungen auch Glättungen, Entstellungen, Überformungen. Ein Beispiel: Am Anfang des Johannes-Evangeliums, im so genannten Prolog, werden Jesus und Johannes der Täufer miteinander verglichen. Johannes der Täufer erscheint als Vorläufer des Jesus Christus, und es wird darauf hingewiesen, dass nicht Johannes selbst das Licht sei. Diese Aussagen wurden in der exegetischen Theologie des 20. Jahrhunderts so interpretiert, dass es sich hier um eine literarisch gerade noch greifbare Auseinandersetzung zwischen zwei zeitgenössischen Gruppierungen handle, einer Gemeinschaft, die dem Jesus gefolgt sei, und einer Anhängerschaft des Johannes.

Zu Wert oder Bedeutung der einzelnen frühchristlichen Schriften soll hier nicht Stellung genommen werden; auch kann es nicht darum gehen, ihre Auslegungsgeschichte in der christlichen Theologie und Kirche ausführlich darzustellen und zu würdigen. Das Interesse richtet sich vielmehr auf die Aussagefähigkeit der überlieferten Texte für ein Verständnis des Menschen, das die Christus-Wirksamkeit substanziell ernst nimmt und als entscheidende konstitutionelle Veränderung des menschlichen Daseins betrachtet. Bei dieser Einstellung erscheinen sowohl Passagen des Neuen Testaments als auch solche aus den apokryphen Evangelien und aus anderen frühchristlichen Schriften als aussagefähig.

Spirituelle Aufbewahrung durch die Engel

Bestimmte Überlieferungen der ersten christlichen Jahrhunderte werden der Gnosis zugerechnet, einer erkenntnisorientierten, aus viel älteren Mysterientraditionen hervorgegangenen Spiritualität. Zu Beginn des Jahres 1925 behandelt Rudolf Steiner in einer Darstellung mit dem Titel «Gnosis und Anthroposophie» die Entwicklung dieser Tradition. Nachdem sie durch Jahrtausende hindurch von Menschen getragen werden konnte, wurde es von einem bestimmten Zeitpunkt an für die Menschen schwer, sich auf der früheren Erkenntnishöhe der Gnosis zu halten. «Da stiegen in den höchsten Mysterienstätten Geist-Wesen aus dem geistigen Kosmos, die den Anstrengungen der um Erkenntnis ringenden Menschen zu Hilfe kamen. … Es entstand eine Mysterien-Gnosis, von der die wenigsten auch nur etwas ahnten. Neben ihr war das vorhanden, was von den Menschen mit der Verstandes- oder Gemütsseele aufgenommen werden konnte. Es war die exoterische Gnosis, von der Bruchstücke auf die Nachwelt gekommen sind.»[7]

Zu diesen «Bruchstücken» sind auch einige apokryphe Schriften der ersten christlichen Jahrhunderte, aber auch Andeutungen oder durchscheinende Hintergründe etwa im Werk des Origenes zu zählen. Es wäre zu überprüfen, inwiefern solche Schriften im Hinblick auf eine spirituelle Menschenkunde aussagefähig sind.

In dem geschilderten Zeitraum kam es also zu einer unmittelbaren Engelwirksamkeit für entscheidende christliche Überlieferungsinhalte. Deren Bedeutung ist nur zu verstehen, wenn es gelingt, das Wirken der Engelwesen für diese Zeit ansatzweise zu begreifen. Denn «das ist ein Geheimnis der geschichtlichen Entwickelung der Menschheit, dass in ihr gewissermaßen ‹göttliche Mysterien› von den ersten christlichen Jahrhunderten an bis ins Mittelalter wirkten. In diesen ‹göttlichen Mysterien› bewahrten Engelwesen im irdischen Dasein, was Menschen nicht mehr bewahren konnten.»[8]

Die Menschen waren nicht mehr in der Lage, den Inhalt der alten Offenbarung zu verstehen und ihn eigenständig weiterzuentwickeln. So musste er gleichsam in unmittelbar geistige Verwahrung genommen werden. Was die Engel den Menschen vermitteln konnten, war ein gefühlsgetragener Zugang zu diesen Inhalten. Unter den Verständnisbedingungen der Bewusstseinsseele wird ein neuer Zugang möglich. Der von den Engeln an die Menschen vermittelte Gefühlsgehalt der alten Überlieferung kann im Zeitalter der Bewusstseinsseele zu einem neuen Verständnisansatz werden. Der geistige Gehalt kann in der bewussten Erkenntnis wieder erreicht werden. «Geisteswesen haben so die Brücke gebaut zwischen dem alten Welt-Inhalt und dem neuen.»[9]

Das neue Verständnis wäre offenbar möglich, wenn es gelänge, den Gefühls- oder Empfindungsgehalt mit ernster Erkenntnishaltung zu verbinden. Vielleicht liegt hier auch das entscheidende Geheimnis für das bewusste Einbeziehen von Engelwirksamkeit: Die Verbindung von Herzens- und Erkenntniskräften führt zu einem Verständnis, das den geistigen Gehalt des Engels und des Menschen wieder vereinigen kann. Es gilt also einen Verständnisansatz zu suchen, der die Gefühle vom Gedankenlicht durchleuchten lässt und den Erkenntnisinhalt gefühlsfähig macht. Beide Seiten dürfen sich nicht länger widersprechen oder gar gegeneinander ausgespielt werden.

Im apokryphen Thomas-Evangelium findet sich eine Stelle, die eine Entsprechung im neutestamentlichen Markus-Evangelium (8,29 ff.) hat: «Jesus sprach zu seinen Jüngern: Vergleicht mich und sagt mir, wem ich gleiche. Simon Petrus sprach zu ihm: Du gleichst einem gerechten Engel. Matthäus sprach zu ihm: Du gleichst einem Menschen, der ein verständiger Philosoph ist. Thomas sprach zu ihm: Meister, in keiner Weise wird mein Mund ertragen, dass ich sage, wem du gleichst. – Jesus sprach: Ich bin nicht dein Meister; denn du trankst und wurdest trunken von der sprudelnden Quelle, die ich ausmaß.»[10]

Jesus (der Christus-Name wurde in diesen Texten nicht verwendet, ist aber mitgemeint) fragt nicht direkt danach, wer er ist. Die Frage nach seinem Wesen soll durch einen Vergleich beantwortet werden; allerdings gibt Jesus Christus selbst am Ende des Dialogs nicht eine Vergleichs-, sondern eine Ich-bin-Antwort, wenn auch negativ («Ich bin nicht ....»). Die verschiedenen Antworten der Jünger machen deutlich, dass hier der Berührungspunkt von Mensch und geistiger Wesenheit angesprochen ist. Die Aussage des Simon Petrus tendiert eindeutig dahin, Jesus Christus als reines Geistwesen zu sehen: Der «Engel» hat zwar in der «Gerechtigkeit» ein menschliches Attribut, das einem Engel üblicherweise nicht zugeschrieben wird, aber es handelt sich doch ausschließlich um ein Wesen der geistigen Welt. Auch die Antwort des Matthäus bleibt einseitig, wenngleich im anderen Extrem: Der «verständige Philosoph» oder Weise steht für höchste Geistigkeit im menschlichen Bereich – die geistig-göttliche Seite des Jesus Christus ist nicht berücksichtigt.

Thomas verweigert die Antwort. Er hat offenbar bemerkt, dass weder die Einseitigkeit des Simon Petrus noch die des

Matthäus letzte Geltung besitzen kann. Er sieht sich als Mensch nicht fähig, die Frage nach dem Wesen des Jesus Christus zu beantworten, außer in einer Hinsicht: Mit der Anrede «Meister» versetzt er den Jesus Christus an eine bestimmte hohe Stelle der alten Mysterien- und Religionsüberlieferung. Um so gewichtiger kann es erscheinen, dass Jesus Christus selbst diesen Titel zurückweist und sich als ein bestimmtes Lebensprinzip des Thomas selbst (und damit aller Menschen) zu erkennen gibt. Diese «sprudelnde Quelle» als Lebensprinzip soll in irgendeiner Form bewusstseinsfähig werden. Sein und Bewusstsein sollen zusammen kommen, aber das erweist sich als außerordentlich schwierig. In Christus wird das Lebensprinzip zum Bewusstseinsprinzip, aber in dieser Umwandlung wird das Bewusstsein zunächst noch nicht klar, sondern «trunken». Allerdings hat das Wort, das hier mit «trunken» übersetzt ist, noch eine andere Bedeutung. Dann würde der Satz lauten: «... denn du trankst und dein Durst wurde gestillt von der sprudelnden Quelle, die ich ausmaß». Die Aussage würde dann bedeuten, dass Christus als das Lebensprinzip, als das «Wasser des Lebens» bewirken kann, dass der Mensch nicht mehr nach Leben zu dürsten braucht.

Indem Jesus Christus ablehnt, der «Meister» des Thomas zu sein, deutet sich bereits an, dass Thomas selbst zur Urteilsbildung aufgerufen wird; dass dieses «Ich-bin» des Jesus Christus gerade darin sich zeigt, dass es nicht als «Meister» den Menschen führt, trotzdem aber das große «Ich-bin» ist – dasselbe «Ich-bin», das im Johannes-Evangelium beispielsweise von sich sagt: «Ich bin der Weg, die Wahrheit und das Leben.»

Nun setzt sich das Gespräch mit Thomas fort, allerdings im Verborgenen des Mysteriums: «Und er nahm ihn, zog sich mit ihm zurück und sagte ihm drei Worte. Als aber Thomas wieder zu seinen Genossen kam, fragten sie ihn: Was hat dir Jesus gesagt? Thomas sprach zu ihnen: Wenn ich euch eines von den

Worten sage, die er mir sagt, werdet ihr Steine bringen und auf mich werfen, und ein Feuer wird aus den Steinen herauskommen und euch verzehren.»[11] Jedes der drei Worte, die Jesus Christus zu Thomas gesprochen hat, wirkt wie ein verzehrendes Feuer, und es würde die übrigen Jünger so erschrecken, dass sie sich gezwungen fühlen würden, Thomas umzubringen.

Aufschlussreich ist, dass das Wesen des Christus mit der Elementarwelt in Verbindung gebracht wird. Mit der «sprudelnden Quelle» ist das Wasserelement angesprochen; in den «Steinen» erscheint das Erdenelement; das «Feuer» spricht das elementarische Sein der Wärme unmittelbar an. Das Luftelement dokumentiert sich in den Worten des gesamten Gesprächsgangs. Denn das gesprochene Wort bringt eine hörbare Luftveränderung hervor, im Wort sind Luftformung und geistiger Inhalt eins geworden, was auch in dem griechischen Geist-Begriff zum Ausdruck kommt: *pneuma* umfasst sowohl eine Luft- wie auch eine geistige Wirklichkeit. – Dennoch wird die Frage nach dem «Ich-bin» des Jesus Christus zunächst nicht eindeutig beantwortet. Es bleibt der noch unbestimmte Eindruck, dass die Lebensebene und der Elementarbereich einzubeziehen sind, hier aber sich noch Verständnisschwierigkeiten des menschlichen Bewusstseins zeigen.

Die drei Namen des Jesus Christus

In dem apokryphen Philippus-Evangelium findet sich folgende Stelle: «Die Apostel, die vor uns waren, bezeichneten ihn folgendermaßen: Jesus, der Nazoräer, Messias; das heißt Jesus, der Nazoräer, Christus. Der letzte Name ist Christus. Der erste ist Jesus. Der mittlere ist der Nazarener. Messias hat zwei Bedeutungen: Christus und der Gemessene. Jesus heißt auf hebräisch die Erlösung. Nazara ist die Wahrheit. Der Nazarener bedeutet folglich der der Wahrheit Zugehörige. Christus ist gemessen worden. Der Nazarener und Jesus sind es, die ihn gemessen haben.»[12]

Zunächst ist ganz allgemein festzustellen, dass die Gestalt, die üblicherweise Jesus Christus genannt wird, in dreifacher Weise bezeichnet wird. Es fällt auf, dass Jesus und der Nazoräer bzw. Nazarener unterschieden, ja sogar deutlich gegeneinander abgegrenzt werden, ebenso wie Jesus und Christus bzw. Christus und der Nazoräer differenziert erscheinen. Als Bedeutung von Jesus wird «die Erlösung» angeführt; der koptisch-griechische Text verweist dabei auf einen hebräischen Wortsinn. Man könnte hinzufügen, dass für Erlösung auch Hilfe oder Rettung stehen könnte.

Üblicherweise wird die Bezeichnung «der Nazoräer» auf die Stadt Nazareth bezogen, und man ist der Ansicht, mit dem Wort solle zum Ausdruck gebracht werden, dass der Bezeichnete aus der Stadt Nazareth stamme. Das Philippus-Evangelium bringt an dieser Stelle eine andere Deutung (die allerdings die übliche nicht ausschließt): der Nazoräer bzw. Nazarener beziehe sich auf Nazara und damit im Sinne des Textes auf die Wahrheit.

Schließlich wird «Messias» zum einen als Christus, zum anderen als «der Gemessene» verstanden. Dabei wird noch einmal deutlich zwischen dem Nazarener und Jesus unterschieden: «Christus ist gemessen worden; der Nazarener und Jesus sind es, die ihn gemessen haben.» Christus als das allumfassende kosmische Wesen, als der Logos, wird durch zwei Menschen, nämlich Jesus und den Nazarener in ein – menschliches – Maß gebracht. Christus, der Logos, der im Sinne des Johannes-Prologs im Anfang war und durch den alles geworden ist, hat durch diese beiden Menschen ein menschliches «Maß», also menschliche Gestalt angenommen. Die alte Mysterienüberlieferung kennt neben der Aufforderung «Erkenne dich selbst» auch die Maxime «Alles mit Maß». Gemeint ist dabei, dass die geistige Entwicklung sich menschlich, also nach dem individuellen Maß des einzelnen Menschen und seinen Möglichkeiten zu richten habe. Der Erkenntnisweg ist auf menschlich-individuelle Weise zu beschreiten; hier hat jeder sein eigenes Maß zu finden. – In diesem Sinne kann die besprochene Textstelle des Philippus-Evangeliums so aufgefasst werden, dass Jesus und der Nazarener den den Kosmos umfassenden Logos auf ein menschliches Maß bringen, also seine Menschwerdung ermöglichen, ihm die menschliche Gestalt geben. Das menschliche Maß des Christus, seine menschliche Erscheinung auf der Erde, seine gestalthafte Wirklichkeit wird demnach durch zwei Menschen ermöglicht, durch Jesus und den Nazarener.

Der Name Nazoräer oder Nazarener findet sich auch im Matthäus-Evangelium. Dort heißt es (2,23): «Er [Joseph] kam in eine Stadt namens Nazareth und nahm dort Wohnung; so sollte sich das Wort der Propheten erfüllen: Er [also der Sohn des Joseph] wird Nazoräer heißen.» Die mittlere Bezeichnung des Philippus-Evangeliums steht also mit dem Matthäus-Evangelium in Zusammenhang. Im Philippus-Evangelium wird der Nazoräer bzw. Nazara allerdings als «die Wahrheit» aufgefasst; Wahrheit aber wird durch Erkenntnis erreicht. Damit tut sich ein bestimmter Zusammenhang auf.

Der Jesus des Matthäus-Evangeliums hat einen anderen Stammbaum als derjenige des Lukas-Evangeliums. So unterscheidet Rudolf Steiner in der Schrift *Die geistige Führung des Menschen und der Menschheit* (1912) und in der Vortragsreihe *Von Jesus zu Christus* (1911) den Jesus des Matthäus-Evangeliums von demjenigen des Lukas-Evangeliums. Damit werden die unterschiedlichen Schilderungen und auch Genealogien konsequent ernst genommen und nicht allein philologisch abgegrenzt oder nivelliert.

Innerhalb der Vortragsreihe *Von Jesus zu Christus* macht Rudolf Steiner am 12. Oktober 1911 deutlich, dass die Jesus-Gestalt des Matthäus-Evangeliums mit allergrößten Erkenntniskräften im Sinne einer Ich-Entwicklung begabt war. Sie repräsentierte die Erkenntnis oder Wahrheit, die ein Mensch beim damaligen Stand geistiger Entwicklung überhaupt erreichen konnte. Diese Verbindung höchster Erkenntnisfähigkeit mit einer hochstehenden Ich-Entwicklung wird von Rudolf Steiner auf die Zarathustra-Individualität bezogen. Ein solcher Wahrheitsbezug scheint in der Darstellung des Philippus-Evangeliums durch. Die Bezeichnungen Nazarener und Nazara, die in ihrer Beziehung zu Wahrheit und Erkenntnis gesehen werden, tönen auch im Wortklang von Zarathustra an: Die Lautfolge *zara* ist auch in diesem Namen enthalten.

Anders der Jesus des Lukas-Evangeliums. Von ihm heißt es in dem erwähnten Vortrag: «Und das Merkwürdige war, dass er von dem ersten Tag seines Lebens an durch seine bloße Gegenwart oder auch durch seine Berührung wohltätige Wirkungen ausübt. ... Also alle Herzenseigenschaften – und die Herzenseigenschaften so gesteigert, dass sie zu einer magnetischen Wohltat für die Umgebung werden konnten, zeigten sich bei diesem Knaben.»[13] Das Philippus-Evangelium spricht davon, dass Jesus «Erlösung» bedeute – damit wird eine ähnliche seelisch-geistige Atmosphäre angedeutet wie die von Rudolf Steiner beschriebene.

Zusammenfassend kann man feststellen, dass im Philippus-Evangelium Jesus von dem Nazoräer unterschieden wird. Die Bezeichnung Jesus kann den heutigen Leser auf das Lukas-Evangelium, der Name «der Nazoräer» auf das Matthäus-

Evangelium verweisen. Damit sind in dem Philippus-Evangelium zwei Jesus-Gestalten angedeutet, die den kosmischen Christus «messen» und in deren menschliche Gesamtgestalt der Logos eingehen wird. So zeigt sich, dass Rudolf Steiners Darlegungen über die zwei so genannten Jesus-Knaben etwa in der Vortragsreihe *Von Jesus zu Christus*, aber auch im *Fünften Evangelium* (1913–1914) geistesgeschichtlich nicht isoliert dastehen. Zwar ist hier keinesfalls an einen literarisch-philologischen Zusammenhang oder gar eine überlieferungsgeschichtliche Abhängigkeit zu denken, wohl aber an verwandte geistesgeschichtliche Überlieferungslinien. Grundsätzlich sind auch das Lukas- und das Matthäus-Evangelium des kanonischen Neuen Testaments dazuzuzählen, denn deren unterschiedliche Stammbäume und das ganz andere Kindheitsmilieu der jeweiligen Jesus-Gestalt weisen in dieselbe Richtung.

Das Lukas-Evangelium deutet auch eine *Verbindung* der beiden Jesus-Gestalten an. In der bekannten Tempelszene (2, 41–50) wird zum Ausdruck gebracht, dass die Eltern des Jesus überrascht sind, ihren zwölfjährigen Knaben mit hohen Erkenntnisfähigkeiten begabt wiederzufinden. Die geistige Entwicklungshöhe des Jesus im Sinne des Matthäus-Evangeliums hat sich mit der leiblich-seelischen Kraft des Jesus im Sinne des Lukas-Evangeliums verbunden. Eine einmalige Erkenntnishöhe und ein weit fortgeschrittenes Stadium der Ich-Entwicklung haben sich mit leiblich-seelischen Eigenschaften vereinigt, die gerade in ihrer Anfänglichkeit und Naivität umfassende Ursprungskräfte beinhalten. Entwicklungsende und Entwicklungsanfang, Ziel und Ursprung, Entwicklungsergebnis und ursprüngliche Entwicklungskraft kommen zusammen und bilden gemeinsam die menschliche Grundlage für die Inkarnation der Logos-Wesenheit.

Die Verbindung beider Gestalten wird im Lukas-Evangelium folgendermaßen beschrieben (2, 41–50): «Und seine Eltern zogen jedes Jahr am Osterfest nach Jerusalem. Und als er zwölf Jahre alt war, gingen sie der Festsitte gemäß hinauf. Als die Tage vorüber waren und sie wieder heimkehrten, blieb der Knabe Jesus in Jerusalem und seine Eltern wussten es nicht ... Und es begab sich, nach drei Tagen fanden sie ihn in dem Tempel, wie er mitten unter den Lehrern saß, ihnen zuhörte und sie fragte. Es staunten aber alle, die ihn hörten, über seine Einsicht und seine Antworten.»

Die Wiederkunft des Christus

Im Philippus-Evangelium heißt es: «Wenn ein Blinder und ein Sehender im Dunkeln sind, unterscheiden sich die beiden nicht voneinander. Wenn das Licht kommt, dann wird der Sehende das Licht sehen und der Blinde wird im Dunkeln bleiben.»[14] Im Sinne dieser Aussage können viele Texte der ersten christlichen Jahrhunderte betrachtet werden. Zunächst zeigen sie kaum Unterschiede; wenn aber ein bestimmter Blick auf sie gerichtet werden kann, beginnen einige von ihnen zu sprechen, als hätten sie darauf gewartet, in einer neuen Perspektive erscheinen zu können. Auch in dieser Hinsicht sind geistige Inhalte von Engelwesen über die Jahrhunderte hin «aufbewahrt» worden, bis sie heute – unter den Bedingungen der Bewusstseinsseele und in michaelischer Perspektive – neu angesehen werden können.

Das Werk des Origenes (etwa 185–254) entstand in derselben Zeit, in der die Evangelien allmählich ihre heute sichtbare schriftliche Form annahmen. Es handelt sich bei den Schriften des Origenes also um ein spirituelles Zeugnis von ähnlicher

Aussagefähigkeit. Interessanterweise blickt Origenes auf die Ereignisse von Palästina zur Zeitenwende schon als ein vergangenes Geschehen zurück, und er fragt, wie dem gegenüber eine Christus-Zukunft aussehen könne. In seinem philosophischen Hauptwerk *Über die Ursachen (Peri archon)* beschreibt er in vorsichtiger, diskursiver, den Leser zur eigenen Urteilsbildung anregender Weise eine zweite Ankunft des Christus: «Man muss indessen prüfen, ob es nicht vielleicht eher auf Folgendes hinweist: ... so wird vielleicht von der Ankunft des Erlösers in Niedrigkeit, als er ‹Knechtsgestalt annahm›, auf die zweite, herrlichere und glorreichere Ankunft ‹in der Herrlichkeit seines Vaters› hingewiesen ... So muss man ... sehr sorgfältig fragen, ob wir mit der Auffassung Recht haben, auch das himmlische Gesetz und die Zeremonien des Gottesdienstes droben besäßen nicht die Vollendung, sondern bedürften noch der Wahrheit des Evangeliums, das wir in der Apokalypse des Johannes ‹das ewige Evangelium› genannt finden, natürlich im Vergleich mit unserem Evangelium, das zeitlich ist und in einer vergänglichen Welt und Weltzeit verkündigt wurde.»[15]

Origenes argumentiert vorsichtig, stellt zur Diskussion, gibt keine endgültige Antwort. Später fügt er sogar hinzu, es solle «uns genügen ... von den Worten des Heiligen Geistes so zu denken, dass daraus nicht eine wohlgesetzte Rede aus menschlich-schwacher Beredsamkeit erglänzt, sondern nach dem Schriftwort ‹die ganze Herrlichkeit des Königs im Innern ist›».[16] – In Rede steht ein zweites Kommen des Christus nicht in Niedrigkeit, sondern in Herrlichkeit. Es wird im Zusammenhang gesehen mit einem «himmlischen Gesetz» und mit «Zeremonien des Gottesdienstes» in der geistigen Welt, die die Wahrheit des ewigen Evangeliums noch nicht kennen. Damit wird die zweite Ankunft des Christus nicht auf eine irdische, sondern auf eine geistige Wirklichkeit bezogen, sogar auf ein Geschehen, das im geisteswissenschaftlichen Sinne als übersinnlicher Kultus bezeichnet werden kann («Zeremonien droben»). Wenn Christus wiederkommt, wird ein Gesetz der geistigen Welt und ihr Kultus erneuert, und zwar nach Maßgabe der Wahrheit, die im Hinblick auf das Evangelium dann erst zugänglich wird. Damit ist das vergängliche (in Schriftform gefasste) Evangelium überwunden; es wird in eine andere Gestalt übergehen.

Nun kommt Origenes auch auf ein neues, mehr geistig aufzufassendes Leiden des Christus zu sprechen: «Falls man aber auch die Passion Christi in die Untersuchung mit einbezieht, wird es verwegen erscheinen, auch im himmlischen Raum nach ihr zu fragen. Wenn es indessen ‹Geister der Bosheit in den Himmeln› gibt und wir ohne Scheu bekennen, er sei hier unten zur Vernichtung derer gekreuzigt worden, die er durch sein Leiden vernichtet hat, dann dürfen wir vermutlich getrost annehmen, es geschähe auch dort oben etwas Ähnliches, und zwar weiterhin ‹bis zur Vollendung der gesamten Weltzeit›, damit durch seine Passion die Völker an allen Orten erlöst werden.»[17]

Es stellt sich sofort die Frage, was diese Zukunftsbeschreibungen des 3. nachchristlichen Jahrhunderts mit gegenwärtiger Christus-Wirklichkeit zu tun haben. Das neue, geistige Leiden des Christus wird als während der gesamten Weltentwicklung fortdauernd bezeichnet. Diese zweite Passion des Christus erlöst «die Völker an allen Orten», das heißt, die Zeit der Volkszugehörigkeit, der Existenz des einzelnen Menschen in einem gruppenhaften Sein wird überwunden. Christus führt durch das neue Leiden aus der Gruppenseele zur individuellen Ich-Wirklichkeit. Es kommt zu einer Kreuzigung in der geistigen Welt, durch welche die Widersacherkräfte im Geistigen ebenso überwunden werden, wie dies beim ersten Kommen des Christus mit irdischen Gewalten geschah. Damit wird in der Textstelle deutlich, dass die Wiederkunft Christi nicht in physischer, sondern in rein geistiger Wirklichkeit zu denken ist; geistige Wirklichkeit beginnt mit der Lebenssphäre des Ätherischen.

Auch in den apokryphen Evangelien finden sich Andeutungen einer solchen Christus-Zukunft. Im Philippus-Evangelium steht die zukunftsweisende Stelle: «Jesus hat sie alle heimlich getragen. Denn er hat sich nicht so geoffenbart, wie er an sich war; sondern er hat sich so geoffenbart, wie sie ihn sehen konnten. Denen, die sich im Tode befinden, offenbarte er sich. Er offenbarte sich den Großen als Großer. Er offenbarte sich den Kleinen als Kleiner. Er offenbarte sich den Engeln als Engel und den Menschen als Mensch. Deswegen verbarg sich sein Logos vor jedem. Einige zwar sahen ihn, wobei sie dachten, dass sie sich selbst gesehen hätten. … Er sagte an jenem Tage in der Danksagung: Der du den Vollkommenen, das Licht, mit dem Heiligen Geist vereinigt hast, vereinige die Engel auch mit uns, mit den Abbildern.»[18]

Der Logos, die geistige Wirklichkeit des Jesus Christus, ist Menschen und Engeln zunächst verborgen. Jeder kann den Jesus Christus nur so erkennen, wie es seiner Individualität, seiner Ich-Entwicklung angemessen ist. So zeigt er sich denen, «die sich im Tode befinden», also denen, die aus dem alten Lebensprinzip herausfallen, gleichsam in die Ich-Individualität hineinsterben. Die ältere Mysterienüberlieferung wusste, dass nur das Schwellenerlebnis des Todes Ich-Wirklichkeit freisetzen kann. Man war der Überzeugung, dass erst nachtodlich das Ich sich selbst im Bewusstsein erfassen wird. Deshalb wurde bei der Einweihung ein dreitägiger, todesähnlicher Schlaf notwendig. Der Tod wurde so gewissermaßen in das Leben hereingeholt, damit Selbsterkenntnis möglich wurde. Auch die christliche Überlieferung kennt dieses Motiv: Das Kreuz auf sich zu nehmen bedeutet, im Leben freiwillig zu sterben und somit die Todessituation zu antizipieren. Auf diese Weise wird Ich-Wirklichkeit zugänglich.

Christus offenbart sich nur für das menschliche Ich. Er ist so weit Mensch geworden, dass er in die menschliche Selbsterkenntnis eingeht, sich mit dem sich selbst erkennenden Ich identifiziert: «Einige zwar sahen ihn, wobei sie dachten, dass sie sich selbst gesehen hätten.» Diese Anmessung des Christus an das menschliche Ich, sein Eingehen in das menschliche «Maß», von dem bereits ausführlich die Rede war, zeigt auch die unmittelbar anschließende Aussage: «Aber als er seinen Jüngern in Herrlichkeit erschien auf dem Berge, war er nicht klein. Er wurde groß. Aber er hatte die Jünger groß gemacht, damit sie ihn sehen könnten in seiner Größe.»[19] – Es zeigt sich hier ein unmittelbarer Zusammenhang der Christus-Erkenntnis mit der Selbsterkenntnis und der geistigen Entwicklung des Menschen.

Das Prinzip geistiger Angemessenheit in der Beziehung zu Christus gilt auch für die Engel. Christus hat sich den Engeln als Engel offenbart, wie er sich den Menschen im Ich als Mensch zeigt. Der Vollkommene, der das Licht trägt, ist mit dem Heiligen Geist vereinigt, und so soll auch der Engel mit seinem Abbild, dem Menschen, vereinigt werden. Mit dem «Vollkommenen», dem «Licht», kann sowohl Christus als auch der Mensch gemeint sein; beide sind mit dem Heiligen Geist verbunden. Das Licht, das Erkenntnisprinzip, und der Heilige Geist sind eins. So sollen auch Engel und Mensch eins werden, indem der Engel den Menschen in sich aufnimmt und der Mensch das geistige Prinzip des Engels erhält. Geistige Wirklichkeit und menschliche Individualität werden eines. Dadurch kann der Engel am Ich-Prinzip des Menschen teilhaben, und der Mensch bleibt nicht geistiges Abbild, sondern wird zur eigenständigen geistigen Kraft. «Denn der Engel entsteht im Menschen durch den Geist des Engels, der im Menschen ist, und der Mensch entsteht im Engel durch den im Engel gegründeten Geist des Menschen.»[20] Dieses Wort von Johannes

Scotus Eriugena aus dem neunten Jahrhundert weist in dieselbe Richtung wie die Philippus-Stelle. Die Christus-Wirklichkeit im menschlichen Ich zeigt sich dann, wenn der Mensch bewusst die geistigen Fähigkeiten des Engels entwickelt und der Engel damit in die Lage versetzt wird, durch den Menschen zu einer Lebenswirklichkeit zu gelangen, die er durch sich selbst nicht erreichen könnte.

Im Thomas-Evangelium heißt es: «Jesus sprach: Die Engel kommen zu euch und die Propheten, und sie werden euch geben, was ihr habt, und auch ihr gebt ihnen, was in eueren Händen ist, und sie sagen euch, an welchem Tage sie kommen und das Ihrige empfangen.»[21] Die Engel – und auch die Propheten, also die traditionell Wissenden – können dem Menschen nur geben, was er selbst hat, und sie warten sogar darauf, von ihm dasjenige, was er selbst als individuelles Wesen besitzt, zu erhalten. Noch darüber hinaus: Nur der einzelne Mensch kann, durch seine Ich-Entwicklung, bestimmen und feststellen, wann die Engel und Propheten erscheinen werden, um von ihm sein geistiges Entwicklungsergebnis zu übernehmen.

Weiter heißt es im Thomas-Evangelium: «Jesus sprach: Wer von meinem Munde trinken wird, wird werden wie ich. Auch ich werde er werden, und die Geheimnisse werden ihm offenbar werden.»[22] Christus wird eins mit demjenigen, den er mit seinem Mund, das heißt mit seinem Wort erreicht. Und erst aus dieser Identität Christi mit dem Menschen wird der Mensch wahrheitsfähig. Der Mensch wird Christus durch die Aufnahme von dessen Wort, und in demselben Vorgang wird Christus zu diesem Menschen, das heißt er identifiziert sich vollständig mit ihm – das Prinzip der Menschwerdung Christi in der letzten Konsequenz!

Nochmals das Thomas-Evangelium: «Wenn ihr euch selbst erkennt, dann werden sie euch erkennen, und ihr werdet wissen, dass ihr die Söhne des lebendigen Vaters seid. Wenn ihr euch aber nicht selbst erkennt, dann seid ihr in Armut und ihr seid die Armut.»[23] Die Selbsterkenntnis ermöglicht, dass der Mensch von anderen geistigen Wesen erkannt wird. Dann kann sich der Mensch als Sohn des lebendigen Vaters wissen, das heißt, er wird mit Christus zum Sohn Gottes. An diesen Zeichen ist das «Reich», die neue Christus-Wirklichkeit zu erkennen. Die neue Ich-Wirklichkeit ist dadurch charakterisiert, dass alles natürlich oder traditionell Gegebene, alles in äußerer und innerer Überlieferung Vorfindliche vom Menschen umgearbeitet und damit überwunden wird. Dies betrifft auch die eigene leiblich-seelische Konstitution des Menschen und die sozialen Gegebenheiten: «Wenn ihr die zwei zu einem macht und wenn ihr die Innenseite wie die Außenseite macht und die Außenseite wie die Innenseite und die Oberseite wie die Unterseite, und dass ihr den Mann mit der Frau zu einem einzigen machen werdet, damit der Mann nicht Mann sei und die Frau nicht Frau, wenn ihr Augen anstelle eines Auges macht und eine Hand anstelle einer Hand und einen Fuß anstelle eines Fußes, ein Bild anstelle eines Bildes: dann werdet ihr ins Königreich eingehen.»[24] Ähnlich, als Überwindung jeder mitgebrachten Konstitution ist auch eine spätere Stelle zu verstehen, die ebenfalls auf das neue Reich des Christus weist: « … denn jede Frau, wenn sie sich zum Mann machen wird, wird in das Königreich der Himmel eingehen.»[25] Selbstverständlich ist diese Aussage auch umzukehren und damit so aufzufassen, dass für das Reich nach dem neuen Kommen des Christus bis in die leibliche Wirklichkeit hinein nur Ich-Konstitution tragfähig sein kann.

Über das menschliche Ich-Prinzip verbindet Christus in sich die gesamte geistige Wirklichkeit und was aus ihr hervorgeht. «Christus hat alles in sich: Mensch, Engel, Geheimnis und den Vater.»[26] Der Sinn dieser Stelle des Philippus-Evangeliums verdeutlicht sich aus einer vorangegangenen; in ihr wird auf die alttestamentliche Aussage «Ich bin, der ich bin», auf den Namen angespielt, der nicht ausgesprochen werden darf. «Einen einzigen Namen spricht man nicht aus in der Welt, den Namen, den der Vater dem Sohn gegeben hatte, der über alles erhaben ist, welches ist der Name des Vaters. Denn der Sohn würde nicht Vater werden, wenn er sich nicht den Namen des Vaters beigelegt hätte. Diejenigen die diesen Namen haben, kennen ihn zwar, aber sprechen nicht über ihn. Diejenigen, die ihn aber nicht haben, kennen ihn nicht.»[27] Diesen Namen des Ich kann jeder nur aus eigener Innenerfahrung kennen. Man kann nicht über ihn sprechen, man kann ihn nicht einem anderen beilegen, sondern nur sich selbst. Es handelt sich um den eigentlichen Namen, den der göttliche Sohn vom Vater erhalten hat, um das Christus-Prinzip, das nach dem erneuten Kommen Christi in seinem Reich als Lebensprinzip gilt.

Ich-Entwicklung als Zeit und Ort der Wiederkunft

Selbstverständlich stellt sich die Frage, wann Christus wieder erscheint und wo er zu bemerken ist. Johannes Scotus Eriugena gibt im neunten Jahrhundert klare Antworten auf die Fragen nach dem Zeitpunkt und dem Ort des Wiederkommens Christi. Er knüpft dabei an die alte Überlieferung des christlichen Glaubensbekenntnisses an. Dessen erster Artikel lautet: «Ich glaube an Gott den Vater, den allmächtigen Schöpfer Himmels und der Erden.» Der zweite Artikel spricht dann von Christus und schließt mit den Worten: « … von dannen er kommen wird, zu richten die Lebendigen und die Toten.» Eriugena stellt nun in seiner *Einteilung der Natur (De divisione naturae)* die Frage, wann Christus sein Richteramt gegenüber den Lebendigen und den Toten antrete: «Dies dürfen wir nicht so verstehen, dass wir an eine zeitliche Bewegung oder an ein Hervorgehen [des Christus] aus einem irgendwie verborgenen Schoß der Natur in diese Welt denken, bis er in sichtbarer Gestalt den leiblichen Sinnen derjenigen erschiene, die gerichtet werden. Vielmehr wird seine Ankunft jeder Gute und auch jeder Böse in seinem eigenen Innern, in seinem Bewusstsein sehen, nämlich wenn die Bücher geöffnet werden und Gott offenbaren wird die Geheimnisse der Finsternis; dann wird ein Jeder seiner Gedanken und Werke eigener Richter sein.»[28]

Christus wird also nicht in der sinnlich wahrnehmbaren Welt erscheinen, sondern seine Wiederkunft wird im Menscheninnern erlebbar. Der Zeitpunkt ist in der Weise näher bestimmt, dass dann die «Geheimnisse der Finsternis» sichtbar werden, dass der Mensch also Abgründiges erkennen kann; und er fällt zusammen mit der Fähigkeit des menschlichen Individuums, in sich selbst Gutes und Böses zu unterscheiden. Jeder Mensch ist dazu in der Lage, unabhängig von seiner früheren moralischen Qualifikation; im Bewusstsein des Einzelnen stellt sich Urteilsfähigkeit her. Wenn Christus richtet, richtet der einzelne Mensch sich selbst, wird fähig, seine Taten, Intentionen, Vorstellungen zu beurteilen, sodass das Richteramt des Christus mit der individuellen Urteilsfähigkeit des Menschen identisch wird; in der eigenen Urteilsfähigkeit des Menschen wirkt Christus! Wenn Christus wiederkommt und richtet, dann handelt es sich um eine Wirklichkeit im Bewusstsein des einzelnen Menschen. An ihr hat der Mensch in dem Maße teil, als er sich entsprechende Bewusstseinsregionen erschließt. Die Beziehung Christi zum Menschen ist nicht mehr unabhängig von der seelisch-geistigen Entwicklung des Einzelnen zu denken. Hier liegen «Ort» und «Zeit» des Wiedererscheinens Christi: Er kommt, sobald der Mensch die entsprechende Bewusstseinskraft aufbringt. Die Urteilsbildung des Einzelnen und das Richteramt Christi sind identisch! So weit geht die Identifikation Christi mit dem Menschen, bis in diese Konsequenz entwickelt sich seine Menschwerdung.

Eine merkwürdige Aussage in Origenes' Auslegung des Johannes-Evangeliums spiegelt diesen menschlichen Entwicklungsweg des Christus. Origenes schließt dort an den Johannes-Prolog an, in dem es zunächst heißt: «Gott war der Logos» (das göttliche Wort, der Christus). Später folgt dann: «Der Logos (Christus, das göttliche Wort) ist Fleisch geworden.» Origenes denkt auch an dieser Stelle weiter: «Von hier aus wäre folgerichtig weiter zu fragen, ob es zwischen dem fleischgewordenen Logos und dem Logos, der Gott war, *im menschlichen Bereich* einen Übergang gäbe, durch den der Logos von seinem Fleischgewordensein wieder zu dem ihm eigenen [geistigen] Wesen zurückgeht und sich allmählich entstofflicht, bis er so wird, was er am Anfang war: göttliches Wort beim Vater.»[29]

Die Entwicklungszukunft des Christus, der unter den Menschen Fleisch geworden ist, liegt im «menschlichen Bereich». Vom Menschen hängt es demnach ab, ob Christus wieder zum göttlichen Logos werden, ob er seine göttliche Wesenheit wieder annehmen kann. Damit ist dem Menschen eine ungeheure Verantwortung übergeben, und die Frage kann nicht mehr nur lauten, wie Christus dem Menschen helfen kann, sondern muss ebenso lauten, was der Mensch für die Zukunft Christi tun könne. Damit kann die christliche Verantwortung nicht mehr delegiert werden, nicht einmal an Christus selbst. Die Entwicklung des Christus liegt in der Hand des Menschen, das heißt der Mensch selbst ist verantwortlich für die Weiterentwicklung des Evangeliums. Denn das Evangelium beschreibt den Werdegang des Jesus Christus, auch in die Zukunft hinein, auch in der Zeit, in der (wie oben, S. 36 dargelegt) im Sinne des Origenes das zeitliche Evangelium überwunden ist und das ewige beginnt. Insofern schreibt der Mensch an diesem ewigen, in keinem irdischen Buch verzeichneten Evangelium mit, er selbst ist Verfasser dieses Evangeliums, indem er den Schicksalsweg des Christus mitbestimmt. «So wird jede unsere am Nächsten verübte gute Tat aufgenommen in jenes Evangelium, das auf die Tafeln des Himmels geschrieben und von allen gelesen wird, die der vollendeten Erkenntnis gewürdigt sind.»[30] Man wird hinzufügen können: Nicht nur Taten, sondern auch Gedanken und Motive, Intentionen gehen in dieses Evangelium ein, dessen Inhalt und Wirkung nur geistig sichtbar wird, eben in den «Tafeln des Himmels». Die von Origenes angesprochene «vollendete Erkenntnis» derjenigen, die zum Lesen des Evangeliums befähigt sind, ist letztlich nicht allein geistiges Vermögen des Menschen, sondern die geistige Wirkung, die dem Menschen entgegenkommt, wenn er sich ernsthaft um ein Verständnis dieses geistigen Zusammenhanges bemüht.

Christus lebt in der menschlichen Selbsterkenntnis, wie ein Spruch des Philippus-Evangeliums zeigte («Einige zwar sahen ihn, wobei sie dachten, dass sie sich selbst gesehen hätten»). Die Zukunft Christi liegt in der Fähigkeit des Menschen zur autonomen Urteilsbildung, in der Eigenverantwortlichkeit, die sich darin ausdrückt, dass man sich selbst zuständig fühlen kann; darauf hatten Johannes Scotus Eriugena und Origenes hingewiesen. Letzterer geht nun in seinem Johannes-Kommentar noch einen Schritt weiter, indem er andeutet, wie der Mensch über Johannes zu Christus selbst werden kann: «Man kann … unbedenklich sagen, die Evangelien seien die Erstlinge der Schrift, der Erstling der Evangelien aber sei das nach Johannes, dessen Sinn niemand fassen kann, der nicht an der Brust Jesu geruht und der nicht von ihm Maria angenommen hat, sodass sie auch seine Mutter geworden ist. So muss er von solchem geistigen Ausmaße werden, dass er ein zweiter Johannes sei, und gleich wie Johannes sich sozusagen als ein Jesus unter Jesus erweise. Denn wenn Maria nach der Meinung der richtig von ihr denkenden keinen anderen Sohn hat als Jesus ... Jesus aber [vom Kreuz herab] zu seiner Mutter sprach: sieh da, dein Sohn ... so ist es, wie wenn er gesagt hätte: Siehe dieser hier ist Jesus, den du geboren hast. Und so lebt wirklich jeder Vollendete nicht mehr, in ihm lebt Christus (Galater 2,20). Und weil in ihm Christus lebt, so wird zu Maria über ihn gesagt: sieh da, dein Sohn, Christus.»[31]

Origenes stellt hier das Johannes-Evangelium als das geistig entscheidende Evangelium dar. Es kann nur von dem verstanden werden, der den Geist des Johannes annimmt und in diesem Sinne selbst zu Johannes wird, von dem es im Evangelium heißt, dass er an der Brust des Jesus Christus geruht hat. Im Sinne des Johannes-Evangeliums spricht Christus vom Kreuz herunter Johannes und Maria an, die unter dem Kreuz stehen. Jesus Christus verweist Maria auf Johannes als ihren neuen Sohn und Johannes auf Maria als seine zukünftige Mutter. Wenn nun derjenige, der das Johannes-Evangelium verstehen möchte, zum geistigen Johannes wird, so wird er gemäß der Aussage des Christus vom Kreuz herab auch zum Kind Marias. Das ursprüngliche Kind Marias aber ist Jesus, sodass der Mensch, der zunächst geistig zu Johannes wurde, jetzt auch zum Sohn Marias und damit zu Jesus Christus wird. Wer das Johannes-Evangelium versteht, wird zum zweiten Johannes und damit zu einem «Jesus unter Jesus».

Mit dieser Aussage hat Origenes ein altes Erkenntnisprinzip für geistige Wirklichkeit konsequent bis in das Christus-Verständnis hinein fortgesetzt. Dieses Erkenntnisprinzip lautet: Gleiches erkennt Gleiches – also nur das engelgleich gewordene menschliche Bewusstsein vermag den Engel zu erkennen, und umgekehrt wird der menschliche Geist, der sich bemüht, den Engel zu erkennen, selbst geistig zum Engel. In diesem Sinne hat Origenes in der zuletzt zitierten Stelle zum Ausdruck gebracht, dass Christus verstehen zugleich bedeutet, zum Sohn Marias und damit selbst Christus zu werden. Das Philippus-Evangelium beschreibt dieses Wahrheitsprinzip umfassend: «Nicht so, wie der Mensch, wenn er in der Welt ist, die Sonne sieht, ohne Sonne zu sein, und den Himmel, die Erde und alle übrigen Dinge sieht, ohne jene zu sein, verhält es sich in der Sphäre der Wahrheit. Sondern du sahst etwas von jenem Ort und wurdest zu jenem. Du sahst den Geist und wurdest zu Geist. Du sahst Christus und wurdest zu Christus. Du sahst den Vater und wirst zum Vater werden. Deswegen siehst du hier zwar jedes Ding und findest dich selbst nicht. Du siehst dich aber dort. Was du nämlich siehst, wirst du.»[32]

In einem späteren Spruch wird auch die Negativseite deutlich: «Wenn du zum Menschen wirst, wird der Mensch dich lieben. Wenn du zum Geist wirst, wird der Geist sich mit dir verbinden. Wenn du zum Logos wirst, wird der Logos sich mit dir mischen. Wenn du zum Licht wirst, wird das Licht sich mit dir vereinigen. Wenn du zu dem Oberen wirst, wird das Obere auf dir ruhen. Wenn du zum Pferd wirst, zum Esel, Rind, Hund, Schaf oder einem anderen von den außen und unten befindlichen Tieren, wird dich weder der Mensch noch der Geist noch der Logos noch das Licht noch das Obere noch das Innere lieben können. Sie werden nicht in dir ruhen können. Und du hast keinen Anteil an ihnen.»[33]

Die Erkenntnisbemühung wird zur inneren Entwicklungskraft des Menschen; er verähnlicht sich dem Erkenntnisgegenstand. Damit kann die Wahrheit nicht allein als Abbild der Wirklichkeit im Bewusstsein gelten, sondern sie wird zur seelisch-geistigen Realität, zu dem, wozu der Mensch sich selber durch seine geistige Aktivität macht. Dies gilt für alle Erkenntnis- und Bewusstseinsbereiche und damit für sämtliche Lebensgebiete, die sich im Bewusstsein spiegeln. So besteht stets auch die Gefahr der Angleichung an etwas dem Menschen nicht Angemessenes, die Gefahr einer Bewusstseinsdevolution, die zugleich zu einer Seinsdevolution wird. Interessant ist, dass die zuletzt erwähnte Passage aus dem Philippus-Evangelium auch die Menschwerdung des Menschen als Erkenntnisproblem erscheinen lässt: Der Mensch wird zum Menschen, indem er für sich selbst bewusstseinsfähig wird. Dann erst wirkt die geistige Kraft, die ihn zum Menschen macht. Selbsterkenntnis ist damit nicht nur abbildhafte Feststellung dessen, was ist, sondern wird zum inneren Entwicklungsprinzip. Nur für die äußere Erkenntnis gilt, dass man «die Sonne sieht, ohne Sonne zu sein». In diesem Bereich ist das Bewusstsein an die Außenwelt hingegeben, ohne mit ihr eins zu werden, und damit verliert sich der Mensch selbst aus dem Blick: Er sieht alles, sich selbst aber nicht. In der «Sphäre der Wahrheit» dagegen wird er zu dem, was er erkennt, also zu dem, als was er sich «sehen», das heißt selbsterkennend denken kann.

II.
Die Wissenschaft vom Menschen

Auch das christliche Hochmittelalter war der Überzeugung, dass eine Wissenschaft vom Menschen nur in «großer» kosmisch-geistiger Einstellung möglich ist. Der Mensch wird zu dem geistigen Wesen, als das er sich zu begreifen vermag – oder aber er wird zu demjenigen Tier, für das er sich anthropologisch hält. Man war sich im Klaren darüber, dass dieser Kraftaspekt der Erkenntnis Konsequenzen bis in das Verständnis von Gesundheit und Krankheit hat. Ob sich der Mensch in angemessener Weise seelisch-geistig zu erfassen vermag, ob es ihm gelingt, die richtigen Begriffe seiner selbst zu entwickeln, das hat Auswirkungen für das menschliche Zusammenleben, für die seelische Verfassung des Menschen, schließlich sogar für seine leiblich-organische Konstitution.

Einen Ausgangspunkt für eine so verstandene Menschenkunde markiert im 13. Jahrhundert das Werk von Albertus Magnus. Die folgende Stelle ist sicher nicht einfach zu verstehen. Allerdings lohnt sich die Bemühung um ihr Verständnis, denn sie eröffnet einen völlig neuen Blick auf den Menschen und damit die Möglichkeit einer Selbsterkenntnis, die bis in das eigene Lebensgefühl hinein durchlichtend und zukunftsgestaltend wirken kann. Der eigens erstellten, Klarheit anstrebenden Übersetzung[34] wird in den Anmerkungen der lateinische Text des Albertus beigefügt, um einen Vergleich zu ermöglichen. Denn bestimmte Begriffe und Wendungen sind eher in der lateinischen Version als in der deutschen Übersetzung aussagefähig; mit Hilfe der Übersetzung können sie im lateinischen Text nicht nur von «Fachleuten» nachvollzogen werden. Es handelt sich dabei um eine wirkungsvolle, durchaus zur Meditation geeignete Darstellung, die sicherlich nicht unmittelbar zugänglich ist, sich aber einem vertiefenden Verständnis allmählich erschließen wird.

Nur der Mensch

Es gibt etwas, das ist wunderbarer als alles Wunderbare und besser als alles Gute: zu bedenken die Güte und Größe der ersten Ursachen, wie sie die Seele des Menschen zu sich zurückführen.

Da in der gesamten Natur nichts existiert um des Geringeren willen, bestehen die Formen, die immerwährend in die Materie fließen, aus dem Licht der ersten Ursachen und Geistwesen, bei weitem mehr in der ersten Ursache und im Licht der geistigen Wesen als in der Materie. In keiner Weise fließen sie in die Materie wegen des Seins, das sie in der Materie haben – obgleich die Materie nach ihnen strebt wie nach etwas Göttlichem und Gutem. (Dies haben wir an anderer Stelle ausgeführt.) Und man kann auch nicht sagen, dass diese so genannten Formen der Welt fließen, um die Größe ihres Ursprungs aufzuzeigen: denn die Wesenheit in Geringerem zu verbrauchen, ist nicht die Art einer solch umfassenden Größe. So fließen sie deshalb, um etwas Göttliches und göttliche Werke zu vollenden.

Das göttliche Sein und Werk aber vollenden sie nur von der Materie getrennt – und wir wissen, dass sie nicht getrennt werden außer in der von der menschlichen Seele vollzogenen Trennung. Deshalb ist es notwendig, dass sie durch einen von der Materie trennenden Geist zum göttlichen Sein zurückgeführt werden. Eine solche Rückführung aber geschieht nicht durch den Geist der Welt. Denn der Geist dieser Formen hält sie von der Materie getrennt in göttlichem Sein und Wirken. Also geschieht es notwendig durch den Geist des Menschen, der Kräfte und Organe besitzt, um aus der Materie die göttlichen Formen zu empfangen.

Allem Ausgeführten zufolge wird die Form nicht vollständig göttlich, indem ein Geist geschaffen wird, den man als ausführenden oder übernommenen bezeichnet. Sondern göttlich wird sie durch den bildenden Geist und den, der göttlich genannt wird. So erhält sie, auf diese Weise zurückgeführt, göttliches Sein und göttliches Wirken.

Die Wesenheit aber besitzt göttliches Sein und Wirken, und sie hat an nichts Mangel. Also hat die Seele an nichts Mangel, die auf diese Weise zurückgeführt ist vom sinnlich Wahrnehmbaren und von der Materie der Körper. Deshalb erhielt sie die materiellen und instrumentellen Organe der Natur entsprechend nur zu dem Zweck, um zum göttlichen Sein zurückgeführt zu werden. So besteht sie wesenhaft und geformt im göttlichen Sein in einer vollkommenen Existenz: und dies nannten die Philosophen das Sein in einem höheren und unsterblichen Leben, durch das die Unsterblichkeit der menschlichen Seele wahrhaft bewiesen ist.[35]

Auf diese Stelle folgt der Hinweis, dass sich die Darstellung auf die *geistige* Vervollkommnung der Seele *(intellectus perfectio)* beziehe. Daneben gebe es eine Vervollkommnung der Seele *der Kraft nach (secundum virtutem)* und eine Glückseligkeit der Kraft *(virtutis felicitas)*. Es handelt sich dabei neben dem erkenntnisbezogenen um den moralischen Schulungsweg.

Die ersten Ursachen und der kosmische Geist («Geist der Welt», *intellectus mundi)* entwickeln sich durch den Erkenntnisprozess der menschlichen Seele; darin besteht das größte Wunder der Schöpfung als Weltentatsache, die einen höheren Rang besitzt als das moralisch Gute. In demselben Vorgang vervollkommnet sich die menschliche Seele zu ihrem geistigen Ursprung hin.

Albertus verbindet interessanterweise eine platonisch-neuplatonische Darstellung des «Lichtes der ersten Ursachen» mit dem aristotelischen Erkenntnisprinzip, demzufolge die menschliche Seele durch die Denktätigkeit *(intellectus)* zu ihrem Entwicklungsziel gelangt. Dabei beantwortet Albertus implizit die Frage, warum der Geist sich überhaupt entäußert, in dem Sinne, dass er sagt: nicht um der Materie willen, sondern um durch das materielle Sein hindurch zu sich selbst zu kommen und in demselben universellen Prozess die menschliche Seele durch deren geistige Eigentätigkeit zum Geist zurückzuführen. Die Seele des Menschen vollzieht in Freiheit eine Vergeistigung, die zugleich entscheidende Bedeutung für die gesamte kosmische Entwicklung besitzt. Damit wird göttliche Wirksamkeit vollzogen, vollbracht und sogar vollendet *(perficere)*. Zu diesem Zweck verbinden sich die geistigen Formen des Ursprungs mit der Körperwelt. In der Materie aber sind sie nicht mehr göttliches Sein und Werk. Sie müssen sich erst wieder von der Materie trennen, um in das geistige Sein zurückkehren zu können. Diese Trennung aber kann nur im menschlichen Erkenntnisprozess vollzogen werden.

Eine solche Entwicklung kann der kosmische Geist selbst nicht hervorbringen; er würde ewig in sich selbst bestehen bleiben, und die dunkle Welt der Materie und der Körper wäre auf ewig von der Ursprungswelt des Lichtes getrennt. Der reine Geist hält die Formen getrennt von der materiellen Wirklichkeit, kann sich auch den geistigen Formen in der Materie nicht zuwenden. Nur der Geist des Menschen hat sich Organe und Erkenntniskräfte geschaffen, die den Geist *in der Materie* erkennen und damit in Freiheit befreien können.

Es ist deutlich, dass die geistigen Formen als ursächlich wirkende Kräfte zu verstehen sind. Als Form gilt in diesem geistesgeschichtlichen Zusammenhang nicht eine äußere Konturierung, sondern eine geistige Kraft, die in die Materie hinein wirkt. In diesem Sinne ist die menschliche Seele Form des Leibes; auch sie gehört also zu den von Albertus angesprochenen geistigen Formen oder Kräften, die in die Körperwelt eingeflossen sind.

Allerdings bildet die menschliche Seele insofern die entscheidende Ausnahme, als sie vollkommen und unvollkommen zugleich ist, mit einem Wort: entwicklungsfähig. Sie ist in die Materie eingebunden und kann doch zum göttlichen Sein zurückkehren. Indem sie sich selbst wieder vergeistigt, führt sie die anderen Formen, die als wirkende an die Materie gebunden sind, ebenfalls zu ihrem geistigen Ursprung zurück.

Der Geist, der sich an die Körperwelt gebunden hat, kann nicht mehr «von oben» erlöst werden; er muss in sich selbst die geistige Erlösungskraft finden. Diese Aufgabe kommt in der kosmischen Entwicklung der menschlichen Seele zu, deshalb bildet sie einen Leibesorganismus aus, durch den sie von der sinnlichen Wahrnehmung zum geistigen Erleben der formenden Kräfte gelangen kann. Geistige Entwicklung der Seele und der Fortschritt des Weltenprozesses fallen in dem so verstandenen Erkenntnisvorgang zusammen. Letztlich kann nur in dieser Einstellung deutlich werden, dass Mensch und Welt nicht getrennt sind, oder wie es die denkerische Spiritualität des Mittelalters formuliert: dass in geistigen Bereichen Subjekt und Objekt ein und dasselbe, Denkendes und Gedachtes identisch sind. Die naturwissenschaftlich gewachsene, nicht allein ökologisch tödliche Gegenüberstellung von Welt und Mensch wird nur aufgehoben, wenn es gelingt, einen kosmologischen Entwicklungszusammenhang zu denken, wobei der Mensch nicht als – bestenfalls erkennender und geistig abbildender – Zuschauer, sondern als entscheidende Evolutionskraft zu denken ist, indem er nämlich in der seelisch-materiellen Existenz geistig erkennend wirkt.

Aristotelismus

Die im engeren Sinne wissenschaftliche Menschenkunde beginnt im vierten vorchristlichen Jahrhundert, und zwar im Werk des Aristoteles, insbesondere in seiner Schrift *Über die Seele.* Frühere menschenkundliche Darstellungen waren noch nicht eigentlich systematisch und zusammenhängend, eher aus älteren Mysterienbezügen inspiriert und mündlich weitergegeben. Beispielsweise berichtet der Lehrer des Aristoteles, Platon, noch in einem Brief, dass der esoterische Teil der Erkenntnis von ihm nicht schriftlich mitgeteilt sei. Platon verfasst auch sein schriftliches Werk nicht in «wissenschaftlicher» Sprache, sondern als philosophische Dialoge. Vergleicht man etwa seinen Dialog *Menon* mit der Schrift des Aristoteles *Über die Seele,* so wird der Unterschied deutlich: Platon lässt die Beteiligten im Gespräch Ansichten und Folgerungen zum Wesen des Menschen entwickeln, und er gelangt in der Aussage des Sokrates als des entscheidenden Protagonisten zu dem Ergebnis, dass alles Lernen und alle Erkenntnis auf Erden nichts anderes als die Erinnerung an ein vorgeburtliches Wissen des Menschen sei. Aristoteles dagegen stellt in den drei Büchern *Über die Seele* in systematischer Abhandlung die seelische und die Lebenswirklichkeit des Menschen dar, indem er die Seele als wirkende Kraft leiblich, seelisch und geistig eingrenzt. Bei Aristoteles findet sich keine Unterscheidung zwischen esoterischer und exoterischer Lehre mehr – was nicht bedeutet, dass seine Schriften einfacher zu verstehen wären. Im Gegenteil, es ist hohe Gedankenkonzentration notwendig, um ihn im Einzelnen und insbesondere im Zusammenhang zu begreifen. Viele Stellen, gerade in den menschenkundlichen Darstellungen, (beispielsweise im dritten Buch *Über die Seele),* blieben Lesern und Kommentatoren bis in die Gegenwart dunkel.

Das christliche Mittelalter hat seine Aristoteles-Kenntnis

zunächst überwiegend aus der arabischen Wissenschaft übernommen. Die Schriften des Aristoteles wurden nicht direkt aus dem ursprünglichen griechischen Text ins Lateinische, der Wissenschaftssprache des Mittelalters, übersetzt; vielmehr lagen zwei Übersetzungen aus dem Arabischen vor. Die Auslegungs-, aber auch die Anwendungsgeschichte des Aristotelismus beginnt im christlichen Bereich mit Anleihen bei der arabischen Wissenschaft. Arabische Philosophen und Ärzte hatten sich um ein Verständnis des Aristoteles bemüht, es lagen arabische Texte und Auslegungen, Umschreibungen und wissenschaftliche Weiterführungen vor. Für Thomas von Aquin wurde im dreizehnten Jahrhundert diese Situation zum Problem; um direkt vom griechischen Text des Aristoteles ausgehen zu können, ließ er sich von Wilhelm von Moerbeke einige Schriften des Aristoteles aus dem Griechischen direkt ins Lateinische übersetzen, ebenso griechische Kommentarschriften zum Werk des Aristoteles. Das bedeutete keine Abgrenzung gegenüber der arabischen Überlieferung. Thomas war sich durchaus bewusst, dass der arabischen Aristoteles-Auslegung unendlich viel zu verdanken war, dass eine Geschichte des Aristotelismus etwa ohne den arabischen Denker Averroes (1126–1198) unvorstellbar ist. Thomas wollte weiter an die arabische Tradition anknüpfen, aber zugleich eine eigenständige und direkte Rezeption ermöglichen. Man kann diese Bemühung als den zweiten Schritt auf dem Weg zu einer wissenschaftlichen Menschenkunde innerhalb des Christentums bezeichnen: Der erste Schritt bestand in dem wissenschaftlichen Anschluss an die arabische Aristoteles-Überlieferung, der zweite Schritt wurde im dreizehnten Jahrhundert durch Thomas von Aquin inauguriert. Ihm ging es nicht um eine Überwindung der arabischen Linie, sondern um eine Intensivierung der Aristoteles-Kenntnis und damit um die Möglichkeit, Aristoteles mit der christlichen Überlieferung des Neuen

Testaments, der frühchristlichen Autoren und späterer Schriftsteller zu verbinden. Man kann die Frage stellen, ob diese zweite Phase der christlichen Aristoteles-Rezeption heute als eingelöst oder gar abgeschlossen gelten kann, oder ob entscheidende Schritte hier noch bevorstehen.

Ein sprechendes Dokument dieser Bemühungen des Thomas von Aquin findet sich in seiner Schrift *Über die Einheit des Geistes (De unitate intellectus).*[36] Sie hat die geistige Individualität der menschlichen Seele zum Gegenstand; insbesondere geht es, in Auseinandersetzung mit der arabischen Überlieferung und einem zeitgenössischen Philosophen, der sich an ihr orientierte, um das Problem der individuellen Existenz der Seele nach dem Tode. Die Schrift zeigt die wissenschaftliche, aber auch die existenzielle Dynamik der damaligen Bemühung, zu einem tragfähigen Selbstverständnis des Menschen zu gelangen, gerade im Anschluss an Aristoteles, ohne direkt an das Neue Testament und theologische Autoren anzuschließen, rein in der aristotelischen Überlieferung verbleibend. Thomas macht deutlich, dass er keine Argumente, keine Grundlagen außerhalb des Aristotelismus selbst suchen will – und trotzdem überzeugt ist, nachweisen zu können, dass das rein aristotelische Menschenverständnis dem christlichen entspricht und dieses weiterführt.

Man muss sich verdeutlichen, dass solche Auseinandersetzungen nicht allein ein wissenschaftlich-philosophisches Spezialgebiet markierten. Vielmehr ging es um die lebenswichtige Frage, ob ein menschliches Selbstverständnis entwickelt werden könne, das christlich und wissenschaftlich zugleich ist, das dem Denken und der wissenschaftlichen Erkenntnis nicht nur entspricht, sondern aus ihr entsteht und gerade deshalb zum Menschenbild des Evangeliums hintendiert. Es ging auch um eine Emanzipation vom bloßen Glauben, aber nicht in einer lebensfernen Gelehrtenstube, sondern als Lebensuntergrund für die damalige Gegenwart und folgende Generationen. Denn für den Begriffsrealismus des dreizehnten Jahrhundersts war unumstößlich, dass der richtige Begriff des Menschen nicht nur lebenstragend ist, sondern darüber hinaus Selbsterkenntnis des Menschen und zukünftige Weiterentwicklung menschlicher Wesenheit ermöglicht. In diesem Sinne wurde das Menschenverständnis nicht nur deskriptiv verstanden, der Begriff des Menschen sollte nicht nur wiedergeben, was der Mensch bereits ist. Sondern der rechte Begriff des Menschen wurde als menschenschaffend angesehen, das heißt, der Mensch ist nur dann in der Lage, sein seelisch-geistiges, letztlich aber auch sein organisches Wesen zu entwickeln, wenn er es im Denken, also geistig zu antizipieren vermag. Thomas von Aquin war davon überzeugt, dass mit dem rechten Begriff des Menschen auch der Mensch selbst verloren geht, dass die seelisch-geistige Wesenheit des Menschen in ihrer Existenz unmittelbar davon abhängig ist, ob sie sich selbst geistig begreifen kann. Dieses Denken oder dieser Begriff des Menschen kann nicht nur deskriptiv sein, er ist auch nicht lediglich regulativ, beispielsweise für das menschliche Zusammenleben, er wird darüber hinaus vielmehr als konstitutiv angesehen für die Selbstvergewisserung des menschlichen Ich und dessen Weiterentwicklung. In dieser Sichtweise war schon im dreizehnten Jahrhundert veranlagt, dass seelische Gesundheit und Krankheit im Wesentlichen davon abhängen, ob ein adäquates Menschenverständnis entstehen kann. Darüber hinaus war das Verständnis dafür greifbar nahe, dass auch leiblich-organische Erkrankungen und Gesundungsprozesse letztlich davon abhängen, ob es gelingt, einen geistigen Begriff des Menschen hervorzubringen.

Denn die Seele galt dem aristotelischen Hochmittelalter als *forma corporis,* als Form des Leibes. Darin wurde aber keine äußerlich begrenzende, das körperliche Aussehen bestimmende Instanz gesehen, sondern ein inneres Kraft- und

Lebensprinzip, das den Leib belebt, regeneriert und organische Zusammenhänge in Gesundheit und Krankheit formiert. Insbesondere wirkt diese seelische Kraft auf die elementarischen Ströme im Gesamtorganismus, die jeweils im Einzelorgan sich differenzieren: auf den Wärmehaushalt und entsprechende Strömungen zwischen den Organen und innerhalb der einzelnen Körperregionen; auf die Luftverhältnisse, die insbesondere durch die Atmung gesteuert werden, aber über den Blutkreislauf in allen Organen wirksam werden; auf den Flüssigkeitshaushalt, der im Wässrigwerden oder der Austrocknung Gesundheit und Krankheit und Organzustände bestimmt; schließlich auf die «erdig»-mineralische Konsistenz des Leibes, insbesondere des Knochensystems, das auch schon im 13. Jahrhundert als unmittelbarer Ausdruck der Ich-Existenz des Menschen galt (man denke beispielsweise an die mittelalterliche Darstellung des «Knochenmanns»).

Dieser Zusammenhang hat nun zentrale geisteswissenschaftliche Bedeutung für die Anthroposophie, im Lebenswerk Rudolf Steiners ebenso wie für die geisteswissenschaftliche Weiterentwicklung. Rudolf Steiner selbst hat beispielsweise 1917 in seiner Vortragsreihe *Bausteine zu einer Erkenntnis des Mysteriums von Golgatha* (GA 175) wiederholt ausführlich und nachdrücklich auf die Bedeutung des Aristoteles für eine Selbsterkenntnis des Menschen hingewiesen. Im selben Jahr erscheint die Schrift *Von Seelenrätseln,* eine indirekte Neubegründung aristotelischer Psychologie aus der Geisteswissenschaft. Rudolf Steiner schließt hier an Franz Brentano an, den Psychologen und wichtigen Aristoteles-Kenner des ausgehenden 19. und des beginnenden 20. Jahrhunderts. Man kann sich fragen, warum Franz Brentano im Werk Rudolf Steiners eine so entscheidende Bedeutung besitzt, obgleich Steiner immer wieder darauf hinweist, dass der psychologische Grundansatz Brentanos irrtümlich sein muss. Steiner wendet gegen Franz Brentano ein, dass dieser nicht deutlich zwischen Denken, Fühlen und Wollen unterscheidet. Trotzdem sieht er in ihm einen entscheidenden Gewährsmann für die Weiterentwicklung der Psychologie. Ein Grund ist sicherlich darin zu sehen, dass der Aristotelismus in der Person Franz Brentanos gerade noch in das 20. Jahrhundert hineinragt und dass Rudolf Steiner die Schicksalsfrage einer christlichen Menschenkunde darin sieht, ob dieser Entwicklungsfaden wieder aufgenommen werden kann.

In den Pfingstvorträgen des Jahres 1920 *(Die Philosophie des Thomas von Aquino,* GA 74) möchte Rudolf Steiner deutlich machen, dass im christlichen Kulturraum weder die Naturwissenschaft noch die Menschenkunde im Sinne eines Verständnisses des Menschen nach Leib, Seele und Geist wirklich «christlich» geworden ist. Unter «christlich» ist in diesem Zusammenhang keine Glaubenshaltung, auch keine weltanschauliche Ausrichtung, auch keine inhaltliche Bestimmung etwa im Sinne des Neuen Testaments zu verstehen, sondern allein ein Verständnis des Menschen, das die Notwendigkeiten der Gegenwart berücksichtigt. Zu diesen Entwicklungsnotwendigkeiten gehört, dass sich der Mensch nur dann selbst verstehen kann, wenn er sich als freies Wesen zu denken vermag – «frei» wiederum nicht im Sinne einer philosophischen Zuschreibung, sondern im Sinne derjenigen Wirklichkeit, die Christus als der Erlöser dem Menschen gebracht hat: Befreiung von allen Bestimmungen, die körperlich, konstitutionell und seelisch aus der Vergangenheit herrühren. Auch diese Perspektive nicht als geistiger «Überbau» von Psychologie und Medizin, sondern als die Grundlage menschenkundlicher Erkenntnis, die beispielsweise erst sinnvolle therapeutische Schritte ermöglicht. Solche Aussagen sind zwar in den erwähnten Pfingstvorträgen von 1920 nicht ausdrücklich zu finden; die Ausführungen Rudolf Steiners weisen aber eindeutig in diese Richtung, insbesondere wenn man seine Darstellungen in den so genannten «Karma-Vorträgen» des Jahres 1924 hinzunimmt.

Diese Entwicklungslinie ist weder in den 20er Jahren noch in der darauffolgenden Zeit grundlegend gewürdigt und ausgearbeitet worden. Die Dringlichkeit, die Rudolf Steiner selbst für die Ausarbeitung einer solchen Perspektive sah, dokumentiert sich in den Vorträgen und Kursen des Jahres 1924 in vielfacher Weise. In den «Karma-Vorträgen» erscheint der historisch-geistige Zusammenhang von aristotelischer und platonischer Grundhaltung als Ausgangspunkt und Zukunftsform der Anthroposophie. Die vorangegangenen Vorträge zur *Weltgeschichte in anthroposophischer Beleuchtung* (GA 233) führen die Bedeutung eines michaelisch-aristotelischen Denkens und der entsprechenden menschlichen Schicksalszusammenhänge auch für historische Zusammenhänge vor Augen. Insgesamt lassen die Darstellungen immer wieder durchblicken, dass neben der geistesgeschichtlichen, menschenkundlichen und esoterischen Bedeutsamkeit eines Verständnisses von Aristotelismus – und Platonismus – die Schicksalssituation des Einzelnen bis in die konkreten Lebensumstände hinein nur verständlich und auch adäquat erlebbar wird, wenn es zu einem Verständnis der aristotelischen Überlieferung kommt. Damit ist implizit und explizit ausgesagt, dass der Mensch – insbesondere derjenige, der mit Anthroposophie in Berührung gekommen ist – sich nur dann selbst verstehen kann, wenn er seine geistige Herkunft im Sinne der angedeuteten geistesgeschichtlichen Entwicklungslinien begreifen und damit für die weitere Lebensentwicklung ergreifen kann. Anthroposophie selbst sieht sich als Weiterführung der in dieser Weise geistesgeschichtlich angelegten Entwicklungslinien. Darüber hinaus kann sie ihre geisteswissenschaftliche Begründung und Berechtigung nur daraus schöpfen, dass dieser wissenschaftliche Entwicklungsstrom auch durch strenges wissenschaftliches Denken innerhalb der Anthroposophie aufgegriffen wird. Aus dem bisher Gesagten ergibt sich, dass es sich dabei nicht nur um eine Grundlegung, nicht nur um eine geistige Einrahmung anthroposophischer Inhalte handelt, sondern um das Lebenselement, aus dem die geisteswissenschaftlichen Begriffe selbst geschöpft sind, leben und sich weiter entwickeln können.

Schon zu Lebzeiten Rudolf Steiners bestand das Problem, dass diese Anknüpfungen nicht aufgegriffen werden konnten, da es kaum Menschen gab, die Interesse, Arbeitskapazität und praktische Orientierung in diese Richtung lenken konnten. So hat Rudolf Steiner es teilweise vermieden, die aristotelischen Bezüge seiner durchaus auch praktischen Ausführungen explizit zu benennen. Im Jahr 1924 beispielsweise lässt sich – und dies soll weiter unten noch deutlicher werden – zeigen, dass der *Heilpädagogische Kurs* (GA 317) einen Organbegriff expliziert, aber auch ein Verhältnis zwischen Seele und Leib, das letztlich auf die Schrift des Aristoteles *Über die Seele* und ihre mittelalterlich-christliche Weiterentwicklung gegründet ist. Auch der *Landwirtschaftliche Kurs* (GA 327) lässt ein verlebendigtes Verständnis der Elementarwelt erkennen, das zwar nicht philologisch, aber im Sinne einer geistigen Entwicklungsströmung aus der Elementenlehre des Aristotelismus, seiner mittelalterlichen Ausgestaltung und deren michaelischer Weiterentwicklung zu erklären ist. Schließlich geben die *Anthroposophischen Leitsätze* sowie die damit zusammenhängenden Mitglieder- und Michael-Briefe der Jahre 1924 und 1925 (GA 26) bis unmittelbar vor dem Lebensende Rudolf Steiners zu erkennen, welche Grundgestalt aristotelische Menschenkunde aus Anthroposophie annehmen könnte. Allerdings bleiben diese schriftlichen Andeutungen Rudolf Steiners fragmentarisch, werden auch nur an einigen Stellen im Hinblick auf ihre geistesgeschichtlichen Hintergründe explizit. Darauf wird insbesondere im letzten Kapitel dieses Buches zurückzukommen sein.

Neben der menschenkundlichen Bedeutung dieser geistesgeschichtlichen Bezüge gilt es zu bedenken, dass allein aus diesen Zusammenhängen die Anthroposophie ihren wissenschaftlichen Charakter beziehen kann. Wer die Anthroposophie als Geisteswissenschaft nicht nur als eine mögliche weltanschauliche Position unter vielen anderen am Beginn des 21. Jahrhunderts sehen will, sondern in ihr eine berechtigte, im wissenschaftlichen Entwicklungsgang der Menschheit verankerte, notwendige Erkenntnishaltung sieht, der hat sich mit der Aufhellung des Aristotelismus-Problems zu beschäftigen.

Die Wissenschaft und ihr Gegenstand sind identisch

Erkenntnis und ihr Gegenstand sind unterschieden, wenn in der Erkenntnis nur ein Abbild dessen erscheinen soll, was der Gegenstand für sich bereits ist. Dieses Erkenntnisprinzip mag für die physisch-mineralische Welt noch in gewisser Hinsicht angebracht sein; bereits im Bereich des Ätherisch-Lebendigen erweist es sich als schwierig. Denn die abbildende Erkenntnis ist kaum in der Lage, einen Lebens- oder Entwicklungsvorgang «abzubilden» oder «wiederzugeben». Der Wachstumsvorgang eines Baumes kann nicht beschrieben werden, Witterungsverhältnisse können nicht erfasst werden, weil in jedem Moment Veränderungen vor sich gehen. In noch höherem Maße zeigt sich diese Problematik gegenüber seelischer und geistiger Wirklichkeit: Die Erkenntnis des Seelischen erreicht in Umfang und Intensität meistens nicht das seelische Erleben. Damit wird aber diese Erkenntnis ihrem Gegenstand nicht gerecht; man kann eigentlich im engeren Sinne gar nicht von «Erkenntnis» sprechen. Für den geistigen Bereich gilt sogar, dass der «Gegenstand» in derselben Wirklichkeitssphäre sich befindet wie die Erkenntnis selbst, es kann hier also nichts abgebildet oder wiedergegeben werden; es liegt in diesem Sinne gar kein Gegenstand vor. Das Erkenntnisobjekt entsteht mit der Erkenntnisbemühung, und es ist nur dann gegeben, wenn es konstituiert wird. (Es ist aus dieser Beziehung jedoch nicht zu folgern, dass das geistige Erkenntnisobjekt nicht existiert, wenn es nicht im Bewusstsein konstituiert und damit aktualisiert wird.)

Wird Selbsterkenntnis in dem oben beschriebenen Sinne verstanden, so ist deutlich, dass hier die Erkenntnis und ihr Gegenstand ein und dasselbe sind oder werden. Die alte Aussage «Wäre ich ein König, und wüsste ich nicht, dass ich ein König bin, so wäre ich kein König» (Meister Eckehart) wäre für die konstituierende Erkenntnis noch zu steigern: Mein Wissen um mein Königsein kann bewirken, dass ich König werde. Denn der alte Spruch setzt voraus, dass ein Sein gegeben ist, das im Bewusstsein nachvollzogen und damit zur Wirklichkeit erhoben wird; die Erkenntnis bleibt noch nachlaufend. Dem gegenüber ist auch eine vorlaufende Erkenntnis denkbar. Dann löst sich in der Wirklichkeit ein, was vorab für das Wissen als Möglichkeit entwickelt wurde. Andererseits ist zu beachten, dass auch die vorlaufende Erkenntnis sich klar gegen Illusion, Meinung, bloße Vorstellung abgrenzt; hier zeigt sich, dass die Wirklichkeit der vorlaufenden Erkenntnis nicht unabhängig vom Willen gedacht werden kann, der an ihrer Realisierung arbeitet.

Ein erster Wirklichkeitsbereich, in dem Erfahrungen mit dieser Art von Erkenntnis gemacht werden können, ist die Selbsterkenntnis, die damit zur Selbstentwicklung und zur Lebensentwicklung wird. In diesem Sinne kann die Selbsterkenntnis als ein erstes Erfahrungsfeld und als Vorstufe für eine Wissenschaft des Geistigen gelten, die genau die beschriebene Charakteristik besitzt: Ihr Gegenstand ist nicht unabhängig von Bewusstseinsaktualisierung und Willensrealisierung zu denken, aber dadurch nicht irreal, sondern in einem Kraftsinne durchaus real, viel realer, als dies bei einer von vornherein und unmittelbar gegebenen Wirklichkeit jemals der Fall sein könnte. Schon alltägliche Beobachtungsbeispiele zeigen, dass selbst im unmittelbar Gegebenen der Wirklichkeitscharakter nicht unabhängig von Wille und Interesse zu denken ist. Ich werde an einer Blume, die ich zufällig sehe, genau so viel «Wirklichkeit» entdecken, wie ich ihr Interesse, aber auch Kenntnis der Pflanzenwelt, Erlebnisfähigkeit für Farben, Beobachtungsfähigkeit für Formen etc. entgegenbringe. Andererseits können all diese Fähigkeiten in mir nur an einem Objekt sinnvoll aktiviert werden, auf das sie anwendbar sind.

Von einer solchen Erkenntnis bzw. Wissenschaft spricht Aristoteles im dritten Buch *Über die Seele,* wenn es dort heißt: «Die wirkliche Wissenschaft ist dasselbe wie der Gegenstand.»[37] Wendet man diese Aussage menschenkundlich, so ist mit ihr ein bestimmter Anspruch verbunden. Die Wissenschaft vom Menschen kann dann nicht einfach sagen, der Mensch «hat» einen Ätherleib, einen Astralleib, ein Ich. Bei einer solchen Deskription bleibt die Erkenntnis außerhalb der menschlichen Wirklichkeit und disqualifiziert sich im Grunde genommen permanent als Nichtwirklichkeit, als «nur» geistiger Überbau. Vom Ätherleib kann geisteswissenschaftlich sinnvoll nur gesprochen werden, wenn er in seinem Begriffszusammenhang so lebendig gedacht wird, dass das entsprechende Denken als innere lebendige Kraft den ätherischen Vorgängen, also Wachstum, Ernährung und Lebensentwicklung adäquat ist. Vom Astralleib kann geisteswissenschaftlich sinnvoll nur gesprochen werden, wenn der entsprechende Denkvorgang und die Begriffsbehandlung so seelenvoll sind, dass die Erlebnisstufe und -intensität der Gemütsseite des Astralen und seiner Innerlichkeit entspricht, oder wenn die Begriffe so kraftvoll bewegt werden, dass die Bewegungsseite der Astralorganisation (Ortsbewegung beim Tier und beim Menschen) in der Kraftintensität des Begriffs erreicht wird. Schließlich kann sinnvoll vom Ich nur die Rede sein, wenn die entsprechende Wissenschaft sich in der Lage zeigt, durch situative und intuitive Begriffsbewegung einen geistigen Zusammenhang und ein geistiges Milieu herzustellen, das selber Ich-Qualität besitzt.

Direkt nach der Aussage über die Wissenschaft und ihren Gegenstand folgt im dritten Buch *Über die Seele* folgende Passage: «Der Geist denkt nicht manchmal und manchmal denkt er nicht. Aber erst wenn er [vom Leib] getrennt ist, ist er das, was er wirklich ist, und nur dieses ist unsterblich und ewig. Wir erinnern uns aber nicht daran. Denn der eine Teil ist leidenslos, der leidensfähige Geist aber vergänglich, und ohne ihn gibt es kein Denken.»[38] Es handelt sich hier um eine der schwer verständlichen Stellen in dem Werk des Aristoteles. Bereits die Übersetzung glättet und interpretiert, beispielsweise indem am Anfang «der Geist» eingesetzt wird, obwohl im griechischen Text kein ausdrückliches Subjekt (außer in der Verbform) steht. Es ist zwar naheliegend, den Begriff Geist *(nous)* aus dem vorangegangenen Text heranzuziehen; man könnte aber auch den Begriff Wissenschaft *(episteme)* einsetzen, würde dadurch den Inhalt allerdings nicht wesentlich verändern, weil in dem einen Fall der Geist als Subjekt der Tätigkeit, im anderen Fall seine Tätigkeit angesprochen wäre.

Die Textstelle bringt zum Ausdruck, dass nur dieser Geist nach dem Tod des Menschen fortdauert und erst nach der Trennung vom Leib das wird, was er seinem Wesen nach ist. Es folgt der merkwürdige Satz über die Erinnerung. Er zeigt nicht deutlich, worauf er bezogen ist. Entweder erinnern wir uns nicht an das Unvergängliche und Ewige; in diesem Fall stellt die Aussage eine Beziehung zwischen der irdischen und der vorgeburtlichen Existenz her: Der Mensch erinnert sich in seinem Erdensein nicht an das, was er geistig wesenhaft in der vorangegangenen vorgeburtlichen Existenz war. Oder – und so wird dieser Satz in der gesamten Geschichte der Auslegungen interpretiert – man fasst ihn so auf, dass der Mensch sich nach dem Tod nicht an seine Erdenerfahrungen erinnert, weil der Geist dann wesenhaft existiert und keine Bewusstseinsfähigkeit für die Daseinsbedingungen im Irdischen mehr besitzt.

Es folgt die Aussage, dass der eine Teil der menschlichen Seele «leidenslos» ist, also keine äußeren Empfindungen hat, nicht von außen verletzt werden kann, keine Sinneseindrücke empfängt. Dabei handelt es sich um die unsterbliche Wesensform. Der andere Teil der Seele ist «leidensfähig», also den Eindrücken der Außenwelt körperlich-sinnlich und seelisch ausgesetzt; er vergeht. Aber er ist, wie die anschließende Aussage zeigt, Grundlage für das irdische Bewusstsein, denn «ohne ihn gibt es kein Denken». Diese Aussage wurde den verschiedenen Auslegern dieser Stelle über Jahrhunderte und Jahrtausende hin zum Anlass, den vorangegangenen Satz «wir erinnern uns aber nicht daran» auf das nachtodliche Sein des Menschen zu beziehen. Die ganze Aussage wird dann so aufgefasst, dass sich mit dem Tod der ewige geistige Seelenwesenskern von dem leidensfähigen Seelenteil trennt und deshalb nachtodlich all diejenigen Erfahrungen, Eindrücke und Erkenntnisse aus dem Bewusstsein verschwunden sind, die mit dem abgefallenen Seelenteil erlangt wurden.

Diese Deutungsrichtung hängt mit der Tatsache zusammen, dass die christlich-philosophische und menschenkundliche Überlieferung zwar von einem nachtodlichen Sein, nicht aber von einer vorgeburtlichen Existenz des Menschen ausgehen konnte. Die Tradition lehrte, dass der Mensch bei der Empfängnis oder Geburt von Gott seelisch-geistig geschaffen wird und dann eine natürliche, aber auch eine willentlich gesteuerte und damit moralisch qualifizierbare Lebensentwicklung durchmacht, deren innere Wirkungen und äußere Folgen ihm dann im nachtodlichen Sein entgegentreten und die Daseinsbedingungen der Existenz nach dem Tode bestimmen. Auch Thomas von Aquin spricht in seinem Kommentar zum dritten Buch *Über die Seele* ausführlich über diese Stelle und stellt fest, dass der unsterbliche Seelenteil «nicht immer war, sondern immer sein wird»,[39] dass die Seele nach dem Tod fortdauert, aber «nicht insgesamt, sondern nur der Geist *(intellectus)*».[40] Und Thomas fügt hinzu, dass wir uns nach dem Tod nicht an dasjenige erinnern, «was wir im Leben wussten».[41]

Thomas möchte aber an dieser Stelle nicht klären, in welcher Weise sich geistige Tätigkeit dann nach dem Tode vollzieht: «Wie (die Seele) dann erkennt, ist im Moment nicht Gegenstand der Abhandlung.»[42] Auch an anderer Stelle, in seiner oben erwähnten Schrift *Über die Einheit des Geistes,* verzichtet Thomas bewusst darauf, die Erkenntnistätigkeit der Seele in der nachtodlichen Existenz zu besprechen; er stellt dort klar, dass dies ein Gegenstand der Metaphysik sei, nicht der Psychologie, und dass dieser Gegenstand schwierig zu erörtern sei, zumal ein Kapitel der M*etaphysik* des Aristoteles, das sich mit diesem Thema beschäftige, offenkundig verloren sei. – Man bemerkt, dass Thomas von Aquin nicht geneigt ist, dieses Thema einer näheren Untersuchung zu unterziehen. Diese Tatsache spiegelt für diesen Gegenstandsbereich eine gewisse Unsicherheit, die das gesamte Mittelalter durchzieht. Sie fällt um so mehr auf, als unmittelbar zuvor Thomas die Aussage des Aristoteles aufgegriffen hat, dass der unsterbliche Geist nicht einmal denkt und ein anderes Mal nicht denkt, sondern dass er sich immer in Tätigkeit befindet: Erkenntnis und Leben sind in ihm eines. Von diesem wirklichen bzw. tätigen Geist *(intellectus in actu)* gilt, dass er «in der Erkenntnis (im Denken: intelligere) selbst besteht».[43] Hier hätte es eigentlich nahe gelegen, diese Existenzform des geistigen Seelenteils in der Erkenntnis für das nachtodliche Sein genauer zu betrachten.

Auch der nichtchristliche Aristoteles-Interpret Themistios stellt in seinem Kommentar zu dem Buch *Über die Seele* fest, dass «wir als unsterblich Existierende uns nicht an dasjenige erinnern können, was wir als Sterbliche im Geist vollzogen haben».[44] Er erwähnt, dass Aristoteles an dieser Stelle nicht diskutiert, dass der vergängliche Geist (also der Geist während der Erdenexistenz) sich an seine (vorgeburtlich) vorangegangenen geistigen und unvergänglichen Tätigkeiten erinnere, und fügt in einer merkwürdigen Aussage hinzu: «Dies ist nämlich nicht einer Erörterung würdig».[45] Diese Formulierung zeigt, dass es durchaus auch den früheren Aristoteles-Auslegern möglich war, einen vorgeburtlichen Bezug der in Frage stehenden Stelle zu erwägen. Auch Themistios wendet sich aber wieder mit einer nicht wirklich argumentationsfähigen Begründung von dem Thema ab.

Auch bei dem entscheidenden arabischen Aristoteles-Kenner des 12. Jahrhunderts, Averroes, findet sich eine ähnliche Unsicherheit. In seinem Kommentar zum dritten Buch *Über die Seele* kommt er auf die alte platonische Anschauung zu sprechen, dass lernen nichts anderes sei, als sich an die eigenen ewigen geistigen Inhalte zu «erinnern».[46] Hier hätte die Möglichkeit bestanden, durch Verbindung der platonischen mit der aristotelischen Auffassung eine vorgeburtliche Existenz des Menschen zu denken. Denn Platon entwickelt in dem erwähnten Dialog *Menon*, in dem eindeutig von einem geistigen Dasein vor der jeweiligen Erdenexistenz die Rede ist, seine Auffassung des Lernens als Erinnerung an geistige Inhalte. Diese Auffassung Platons, die Averroes unmittelbar im Zusammenhang mit der in

Frage stehenden Stelle im dritten Buch *Über die Seele* anführt, hätte die Auffassung nahe legen können, dass auch Aristoteles entsprechend zu verstehen sei: im irdischen Sein erinnere man sich zunächst nicht an das geistig Mitgebrachte. Durch diese Deutung wäre die Bezugnahme auf das nachtodliche Sein keinesfalls ausgeschlossen, vielmehr würden sich beide Deutungsrichtungen ergänzen; und es könnte sich auf diese Weise wieder einmal zeigen, wie Aristoteles durch «dunkle» Ausdrucksweisen geistige Perspektiven der Menschenkunde veranlagt hat, die dem Text nicht explizit, aber durch intensivierte Erkenntnisbemühungen zu entnehmen sind.

Nun führt allerdings Averroes die Aristoteles-Auffassung an eine Grenze. Platons ewige geistige Ideen in der menschlichen Seele können einerseits dem mit der Geburt geschaffenen Menschen als eingeboren aufgefasst werden; andererseits wäre es hier aber ohne Weiteres möglich gewesen, die platonische Auffassung auf Aristoteles zu beziehen und die Formulierung im dritten Buch *Über die Seele* so zu verstehen, dass sich die menschliche Geistseele in ihrer irdischen Existenz nicht an das vorgeburtlich-geistige Sein und die entsprechende Erkenntnistätigkeit erinnere. Averroes nennt diese Deutung nicht, aber sie muss dem Leser zumindest heute naheliegend erscheinen.

Dies gilt übrigens auch für die Psychologie des 13. Jahrhunderts. Denn die christlichen Denker wie Albertus Magnus, Thomas von Aquin und viele andere hatten neben dem Text des Aristoteles den Kommentar des Averroes vorliegen und nahmen ihn, den (Aristoteles)-«Kommentator», wie Averroes im Mittelalter durchgängig bezeichnet wurde, zum Ausgangspunkt ihres Aristoteles-Verständnisses. Averroes war unumstrittene Autorität, selbst wenn er beispielsweise im Werk des Thomas von Aquin für seine psychologischen Positionen im Hinblick auf das Verhältnis von Seele und Geist immer wieder scharf kritisiert wurde.

Man spürt, dass man sich hier an einer Erkenntnisgrenze mittelalterlich-christlicher Menschenkunde befindet, einer Grenze allerdings, die auch im nichtchristlichen Bereich nicht überschritten werden konnte, wie etwa die Auslegung des Averroes zeigt. Die gegenwärtige Geisteswissenschaft hätte an dieser Stelle die Menschenkunde weiterzuentwickeln, aber nicht in der Absicht, damit etwa eine Theorie des Menschen hervorzubringen, sondern in dem Bewusstsein, dass eine Psychologie, die über den seelischen Teil hinaus auch den ewigen und unvergänglichen, geistigen Teil der menschlichen Seele und damit geistige Individualität und Ich-Entwicklung zu erfassen vermag, heute zu einer Überlebensnotwendigkeit für den Menschen geworden ist. Denn eine solche Erkenntnis wäre in dem beschriebenen Sinne nicht deskriptiv, sondern konstitutiv für das menschliche Ich, das sich selbst als nicht nur irdisches, sondern sich geistig weiterentwickelndes Wesen zu begreifen vermag. Auch eine solche Auffassung würde jedoch im Bereich bloßer Weltanschauung und eines geistigen Überbaus verbleiben, wenn es ihr nicht gelänge deutlich zu machen, dass in der Gegenwart auch Gesundheit und Krankheit der Seele und des Leibes davon abhängen, ob ein solcher Begriff des geistigen Ich gefasst werden kann. Darüber hinaus könnte eine solche Wissenschaft vom Menschen, die mit ihrem Gegenstand identisch wird, die Frage nicht philosophisch, sondern existenziell beantworten, wie zu vermeiden ist, dass der Mensch in seinem Erdenbewusstsein die Beziehung zu seiner ewigen geistigen Substanz verliert. Dies wäre von dem Augenblick an keine reine Bewusstseinsproblematik mehr, da die Aussage ernst genommen werden müsste, dass der Mensch immer mehr dasjenige in Wirklichkeit wird, was er von sich zu denken vermag. Auch in dieser Hinsicht werden die Erkenntnis und ihr Gegenstand ein und dasselbe.

Die letzten Ausführungen zeigen, dass sich für die christlich-aristotelische Menschenkunde des Mittelalters die Frage nach der Beziehung von Seele und Geist stellte. Die Seele des Menschen *(anima)* ist sterblich, sofern sie auf den vergänglichen Leib bezogen ist. Der Geist *(intellectus)* allein dauert fort, aber er ist nicht von der Seele getrennt, sondern Seelenbestandteil. Die Auseinandersetzung von Thomas von Aquin mit der Aristoteles-Deutung im Anschluss an den arabischen Denker Averroes berührte genau diese Frage: Verbindet sich die Seele des Menschen, die den Leib belebt, für das irdische Leben des betreffenden Menschen mit dem Geist, oder ist der Geist wirklich Teil der Seele? Im ersteren Fall würde sich der Geist beim Tod des Menschen wieder von der Seele trennen und in die allgemeine kosmische Geistigkeit zurückkehren. Im zweiten Fall ergibt sich das Problem, wie die Weiterexistenz dieses geistigen Seelenteils *(anima intellectiva)* zu denken ist. Es ist deutlich, dass mit dieser zunächst philosophisch klingenden Fragestellung kein geringeres Problem aufgeworfen ist als das nach der unsterblichen Individualität des Menschen. Die besprochene Passage aus dem dritten Buch *Über die Seele*, die von der vorgeburtlichen bzw. nachtodlichen Erinnerung handelt, ist ein Ausdruck für die Gestalt, welche diese menschenkundliche Existenzialfrage damals annahm.

Wie kann die Geistseele als individueller Wesenskern des Menschen nach dem Tod unter völlig anderen Existenzbedingungen weiterleben? Wie ist eine Kontinuität des Ich-Bewusstseins ohne die dauernde Erfahrung des individuellen Leibes möglich? Welche Bewusstseinsformen bildet die Seele aus, wenn sie keine leibgestützte Sinneswahrnehmung und Erinnerung mehr besitzt? Wie betätigen sich diejenigen Kräfte und Funktionen der Seele, die in der Erdenexistenz des Menschen die Organe hervorbringen, wachsen lassen, beleben und erhalten? – Andererseits war von alters her deutlich, dass der geistige Wesenskern des Menschen sich unverstellt und unmittelbar erst in der Unabhängigkeit vom Leib zeigen kann. In der alten Mysterientradition sollte die Bewusstseinsfähigkeit für die eigene unvergängliche Individualität hergestellt werden, indem der Mensch die Todessituation gleichsam ins Leben hereinnahm. Die Antizipation des Todes, der dreitägige todesähnliche Schlaf bei der so genannten Einweihung, führte den Menschen zur Begegnung mit seiner geistigen Individualität und eröffnete so Erkenntniskräfte, die ohne Todesbegegnung nicht gegeben waren. So war man auch der sicheren Überzeugung, dass Selbsterkenntnis des Menschen unter irdischen Bedingungen nicht möglich ist, sondern erst mit dem Moment des Todes entsteht. Die Vorwegnahme der Todessituation in der alten Einweihung bedeutete demnach, die Möglichkeit der Selbsterkenntnis schon für das irdische Leben zu antizipieren. Dem gegenüber klingen die Problemstellungen der aristotelischen Menschenkunde des Mittelalters zunächst nur «philosophisch» und abstrakt. Trotzdem verbirgt sich in ihnen eine Fragestellung, die im Alltagsleben gern ausgeblendet wird, die innere Erlebnissituation der Seele aber dennoch unbewusst weitgehend bestimmt: Wie bin ich in dieses Leben eingetreten? Und: Kann ich den Tod überleben?

Es ist an dieser Stelle noch hinzuzunehmen, dass Thomas von Aquin, Albertus Magnus und die anderen entscheidenden Denker jener Zeit der Überzeugung waren, eine Antwort auf die genannten Fragen habe nicht nur philosophische oder religiöse Bedeutung. Man wusste vielmehr, dass die seelische Befindlichkeit, darüber hinaus auch Gesundheit und Krankheit des menschlichen Organzusammenhangs davon abhängen, welche innere Haltung der Einzelne gegenüber diesen Problemen der eigenen Individualität gewinnen kann. Heute fällt es ungeheuer schwer, diese Position nachzuvollziehen, weil die wissenschaftliche Psychologie und Anthropologie der Neuzeit das Problem der Unsterblichkeit entwissenschaftlicht und der Glaubensüberzeugung überlassen haben. So sieht man das Problem der Unsterblichkeit und der Individualität nicht als wissenschaftlich bedeutend und für Gesundheit und Krankheit grundlegend an. Damit wurde etwa seit dem 16. Jahrhundert eine damals schon fast 2000-jährige Überlieferung aristotelischer Menschenkunde und Psychologie allmählich abgeschnitten. Anthroposophie verbindet heute den gegenwärtigen wissenschaftlichen Standpunkt mit der alten aristotelischen Überlieferung, indem die geisteswissenschaftliche Menschenkunde die Lebensbedeutung der Frage nach Individualität und Unsterblichkeit bis in die Organentwicklung hinein verfolgt (vgl. Kapitel III).

Die menschenkundliche Position des mittelalterlich-christlichen Aristotelismus lässt sich in den Satz zusammenfassen: Die Seele, die den Organismus belebt und beseelt, das heißt die vegetative und die sensible Seele, ist sterblich; unsterblich aber ist die Geistseele und damit die Individualität des Menschen. – Dabei bleibt ungeklärt, wie die Individualität auch der vegetativ und sensibel wirkenden Seele beschaffen ist. Ist der Mensch nur geistig individuell, oder ist er es auch seelisch und im leiblichen Lebensprozess? Durch Geisteswissenschaft wird es möglich, die Wirkung der Geistseele auch auf die übrigen Seelenprozesse zu verfolgen und damit festzustellen, wie die geistige Individualität in den Organen leibaufbauend und in der Seele erlebnisschaffend wirkt. Diese geisteswissenschaftliche Betrachtung kann beispielsweise an die Positionen von Albertus Magnus und Thomas von Aquin anschließen, die gegenüber der arabischen Aristoteles-Überlieferung stets betont haben, dass das dritte Buch *Über die Seele* von Aristoteles nur richtig verstanden wird, wenn man Geistseele, sensible und vegetative Seele als eine individuelle Einheit dieses betreffenden Menschen begreift. Der Geist trennt sich also mit dem Tod nicht von der individuellen Leibesform und dem irdisch individualisierten Seelen-(Erlebnis-)Inhalt des Menschen.

Selbsterkenntnis bedeutet in dieser Einstellung nicht nur eine subjektive Selbstvergewisserung, sondern sie bildet den Ausgangspunkt des wissenschaftlichen Menschenverständnisses. «Die Seele ist etwas Wunderbares; aber in ihr ist wunderbarer als alles, dass der Mensch durch sich selbst zu wissen verlangt.»[47] Diese Aussage des Albertus Magnus belegt, dass die Menschenkunde mit der Erkenntnis des Menschen als des sich selbst erkennenden Wesens beginnen sollte. Diese Art der Selbsterkenntnis bildet den Ausgangspunkt für ein angemessenes Verständnis aller anderen seelischen Funktionen bis hin zur Belebung des Leibeszusammenhangs. Setzt die Menschenkunde nicht bei der geistigen Fähigkeit und der Selbsterkenntnis ein, so gelangt die Psychologie bestenfalls bis zu einer Tierkunde der Seele; der Mensch ist demgegenüber seelisch und auch organisch so entwickelt, dass der Ausgangspunkt in der geistigen Individualität liegt und die Selbstvergewisserung das Entwicklungsziel dieser Individualität darstellt. Alle dazwischen liegenden Entwicklungen einschließlich der Organbildung, der seelischen Befindlichkeit und der Biografie können nur angemessen aufgefasst werden, wenn sie von diesem Ausgangspunkt aus betrachtet werden. In einer solchen Betrachtung liegt die entscheidende Konsequenz der aristotelischen Maxime, dass die Seele als Form des Leibes anzusehen ist. Die Anthropologie der Neuzeit hat diesen Satz umgekehrt und sieht im Leib die verursachenden Kräfte für seelisch-geistige Vorgänge. Nun kann es sich in der Gegenwart nicht darum handeln, beide Positionen gegeneinander auszuspielen. Die Aufgabe besteht vielmehr darin, geisteswissenschaftlich die Berechtigung beider in einer Synthese zu zeigen, die schließlich auch therapeutisch wirksam werden kann.

Die neuere Psychologie und Medizin, insbesondere des 19. und 20. Jahrhunderts, haben gezeigt, wie stark die Seele in allen Erlebnisformen und Funktionen leibgebunden ist. Allerdings ist auch diese Betrachtungsart in der Psychologie des Aristoteles und ihrer christlichen Weiterführung enthalten; man denke nur an die Andeutungen des Aristoteles zur nachtodlichen bzw. vorgeburtlichen Erinnerung. Sie zeigen, dass in der aristotelischen Psychologie von Anfang an klar war, wie sehr alle seelischen Tätigkeiten einschließlich der Erinnerung und des Denkens vom irdischen Leib abhängen und darüber hinaus eine leibunabhängige Existenz der Geistseele nur in vollständig anderen Bewusstseinsformen vorstellbar ist, als der Mensch sie aus seinen Erdenerfahrungen kennt. Die Verbindung der älteren aristotelischen und der neuzeitlichen Perspektive kann nun darin bestehen, in einer praktischen Menschenkunde zu zeigen, wie die individuelle Geistseele als Ich-Bewusstsein zur Selbsterkenntnis gelangt und als Ich-Organisation im Aufbau und in der Belebung des Leibes wirkt. Weiter ist nachvollziehbar darzustellen, wie die geistige Individualität vorgeburtlich den Organzusammenhang vorbereitet und gestaltet, um dann im anschließenden Erdensein in ihm als körperliche Entwicklungskraft, nur zum Teil als Bewusstseinskraft, anwesend zu sein. Den Zusammenhang von Organbelebung und Bewusstsein im Ich, also die Beziehung von körperlichem Sein und Selbsterkenntnis aufzuzeigen und das dazwischenliegende seelische Selbstgefühl als in dieser Spanne entstehend zu begreifen – darin liegt die Aufgabe gegenwärtiger christlicher Menschenkunde.

Der Begriff: Theorie oder Kraft?

Albertus Magnus wird eine Schrift mit dem Titel *Die Einung mit Gott* zugeschrieben. Darin heißt es: «Ein jeder Mensch, der nach einem solchen Zustand Verlangen trägt ... der muss durchaus so sein: Gleichsam mit verschlossenen Augen und verschlossenen Sinnen darf er sich von nichts in seinem Innern erfassen oder gar verwirren lassen. Nichts soll ihn unruhig machen, nichts ihn in Sorge stürzen. Vielmehr muss er von Grund auf alles von sich abschütteln wie ein unnütz, schädlich und gefährlich Ding. Dann muss er sich ganz und gar in sein eigenes Inneres flüchten. Dort darf er im Geist auf keinen anderen Gegenstand schauen, als auf Jesus Christus allein, den Mann der Schmerzen. Und so soll er durch ihn, in ihn, mit anderen Worten durch Christus, den Menschen in Christus, zu Gott, durch die Wunden seiner Menschheit ins Innerste seiner Gottheit streben, und zwar nach allen Kräften und mit großem Eifer. Frei und furchtlos übergebe er sich dort, ohne viel Wesens zu machen, seiner unermüdlichen Vorsehung; sich selbst und das Seine, alles Einzelne sowie das Ganze.»[48]

Es handelt sich hier um eine Darstellung der mittelalterlichen Meditationshaltung, die auf die Gegenwart nicht übertragbar ist. Das gilt insbesondere für den zweiten Teil der zitierten Textstelle, für die innere Zuwendung zu Christus. Die erste Hälfte beschreibt den Weg der Konzentration, die innere Unabhängigkeit von allen äußeren Wahrnehmungen und Ereignissen zu erlangen, das eigene seelische Leben von allen äußeren Einflüssen zu befreien. Dann erst wird der Blick auf Christus frei. In dieser geistigen Haltung kann durch den Menschen Christus der Gott erkannt, durch den Gott der Mensch in Christus gesehen werden. Eine solche Ausrichtung hat Auswirkungen auf die gesamte Lebensführung; alle anderen Handlungsmotive treten zurück, alle orientierenden Kräfte kommen aus der geistigen Grundhaltung.

In zweifacher Hinsicht unterscheidet sich diese Ausrichtung von einer heute zeitgemäßen Meditations- und Konzentrationsauffassung. Zwar geht es auch in der Gegenwart darum, seelisch-geistige Freiheit durch Konzentration auf die innere (Begriffs-)Realität herzustellen, aber es darf im Unterschied zur mittelalterlichen Haltung keine Tendenz zur Weltabwendung darin enthalten sein. Zweitens ist bei dem Weg nach innen der Blick auf die Gestalt des Jesus Christus problematisch geworden. Im Mittelalter konnte durchaus vorausgesetzt werden, dass in dem freigewordenen Inneren sich ein seelisch-geistiges Erleben des Jesus Christus einstellen würde, weil in der Überlieferung, im sozialen und seelischen Milieu Christus-Kraft noch unmittelbar wirksam war. Dabei handelte es sich nicht um einen reinen Rückgriff auf Tradition, Glaube oder Lehre, sondern um den Anschluss an eine innere Verbindung zu Christus, deren Wirklichkeit nicht angezweifelt werden konnte. In der Gegenwart wäre zu überprüfen, wie eine innere Verbindung zu Christus wieder zu finden ist.

Durch den Blick auf Jesus Christus findet sich der Mensch selbst als geistiges Wesen. Diese Meditationsausrichtung galt im Mittelalter, und sie spiegelt sich in dem Albertus Magnus zugeschriebenen Text. So gelangt der Mensch durch die Konzentration auf Jesus Christus in einen geistigen Bereich, der ihn wahrnehmungsfähig für Ideen und geistige Anschauungen macht. Nicht nur die Religiosität des Mittelalters, sondern auch die Wissenschaftsbereiche von Theologie, Medizin, Pflanzenkunde etc. lebten aus einer solchen Ideen- und Anschauungsfähigkeit. Dass sie dem heutigen Betrachter «unwissenschaftlich» erscheinen, ist unter anderem dadurch bedingt, dass sich die neuzeitliche Wissenschaft von dieser Anschauungsfähigkeit abgewendet hat. Aus einer solchen Abwendung heraus wird manchmal allzu leicht der mittelalterlichen Glaubensüberzeugung oder «Mystik» zugeschrieben, was durchaus aus einer wissenschaftlich verstandenen Erkenntnishaltung gewonnen wurde. Die mittelalterliche Meditationspraxis hatte gerade für den damals wissenschaftlich arbeitenden Menschen das Ziel, die Fähigkeit zu einer begriffsrealistischen Auffassung der Wirklichkeit zu erlangen.

In seiner Pflanzenkunde geht Albertus Magnus diesen Erkenntnisweg. Wie er in der Einführung schreibt, nimmt er sich dabei vor, unmittelbar an Aristoteles anzuschließen und ihn zu erläutern.[49] Anschließend unterscheidet Albertus drei Erkenntnisbereiche: das geistig zu Erfassende, das bildlich (imaginativ) zu Erfassende und die Wirklichkeit der sinnlichen Wahrnehmung *(intelligibilia, imaginabilia, sensibilia)*.[50] Für die Physik allgemein und für die Pflanzenkunde stellt Albertus fest, dass sie sich der Wirklichkeit in allen drei Bereichen zuwenden, denn ihre Gegenstände sind nur geistig durch den Begriff zu erfassen *(in intellectu)*, was aber allein dann möglich ist, wenn die Wirklichkeitsaspekte mitgedacht werden, die sich in der sinnlichen Wahrnehmung und in der bildhaften Gesamtauffassung darstellen. «Es steht aber fest, dass der menschliche Geist wegen der Wendung zur sinnlichen Wahrnehmung, die er besitzt, aus dieser sinnlichen Wahrnehmung seine Erkenntnis schöpft. Deshalb ist es leichter, dass die Darstellung mit dem beginnt, was wir durch Sinneswahrnehmung, Imagination und geistig (zugleich) aufnehmen können – dies ist leichter, als dasjenige, das wir (allein) imaginativ und geistig auffassen können, oder als das, das wir allein geistig erreichen können.»[51] So hält Albertus die anschließende Pflanzenkunde für eine vergleichsweise einfach nachzuvollziehende Wissenschaft.

Die Heilwirkung der Pflanzen

Die drei Betrachtungsarten führen auch zu einem Verständnis der Heilwirkung von Pflanzen. Interessanterweise schreibt Albertus den geistigen Wirklichkeitsbereich mit der nur geistig bzw. im Denken zu erreichenden Wesensfrage der ersten Philosophie zu, also der Metaphysik oder der Theologie. Die bildhaft-imaginative Wirklichkeitsebene hat es mit Quantitäten zu tun, also mit Größenverhältnissen und Größenzusammenhängen, nicht mit bloßer Messbarkeit und Maßeinheit. Diese Erkenntnisausrichtung bezeichnet Albertus als Mathematik. Schließlich gilt ihm die Physik als diejenige Wissenschaft, die sich den Gegenständen zuwendet, insofern diese sich nicht für den Geist und nicht für die Zusammenhänge herstellende Imagination, sondern für die Sinne darstellen.

Um die Heilwirkung der Pflanzen zu verstehen, ist es nun wichtig, die damit bezeichneten Erkenntnishaltungen und -bereiche in der richtigen Weise zu differenzieren und einander wieder zuzuordnen. Man würde Albertus sicherlich missverstehen, wenn man Aspekte geistiger Erkenntnis auf Bereiche des imaginativ erreichbaren Zusammenhangs oder des sinnlichen Eindrucks anwenden würde. Probleme der sinnlichen Erscheinung von Pflanzen, das heißt morphologische Fragen dürfen nicht metaphysisch überhöht oder imaginativ künstlich in einen Zusammenhang gestellt werden. Umgekehrt können Wirkungsweisen der Pflanzen im menschlichen Organismus, die nur geistig zu verstehen sind, nicht aus dem Gegenstandsbereich der Physik oder der Mathematik erklärt werden. Der Prozess praktischer Präparateherstellung, also der Neukonstitution eines Zusammenhangs, der natürlicherweise im Pflanzenwachstum nicht gegeben ist, ist nur imaginativ erreichbar; eine geistige oder eine in Albertus' Sinne «physikalische» Denkweise würden hier nicht weiterführen.

Andererseits könnte man sich – auch hier selbstverständlich über den für Albertus und das gesamte Mittelalter möglichen Gesichtspunkt hinausgehend – die notwendige Integration der drei Gesichtspunkte folgendermaßen vorstellen:

Die Pflanze hat eine sinnliche Erscheinung; bereits in einer morphologischen Betrachtung führt aber die Gestaltbildung in den Bereich des imaginativen, des Größen- und Relationszusammenhangs. Dies gilt erst recht für Kräftewirksamkeiten, etwa Flüssigkeitsströmungen im Innern der Pflanze, und für das Zusammenwirken von Witterung, Äthergeographie und Pflanzenwachstum. Schließlich wird das «Wesen» der Pflanze nur geistig zugänglich sein, aber nicht ohne Berücksichtigung der Aspekte aus den anderen beiden Wirklichkeitsebenen. Für ein Verständnis möglicher Heilwirkungen und ihre Umsetzung im Bearbeiten der natürlichen Pflanzengrundlage müssten sich alle drei Aspekte also verbinden, ohne allerdings problematisch vermischt zu werden. Denn Säfteströmungen in der Pflanze und beispielsweise auch Elementarwirkungen (Zusammenhang von Wärme, Feuchtigkeit und Luft) lassen sich weder geistig noch sinnlich, sondern nur imaginativ erfassen. Andererseits dürfen Beschreibungen der sinnlichen Erscheinung der Pflanze nicht von vornherein geistig oder imaginativ beeinflusst sein; und geistige Wesensmerkmale dürfen weder durch imaginative Zusammenhänge noch durch sinnlich sich darstellende Erscheinungen entstellt oder gar aus diesen abgeleitet werden.

Albertus selbst stellt die Frage nach der Art der Verbindung, die etwa die Mistel mit dem Baum eingeht, auf dem sie wächst. Er sieht vier prinzipielle Verbindungsformen, die im Pflanzenreich denkbar sind, beginnend bei einem räumlichen Neben- oder Aufeinander bis hin zu einer wirklichen substanziell-inneren Verbindung, die etwa durch das Pfropfen entsteht. Der Zusammenhang der Mistel mit der Wirtspflanze liegt dazwischen; die Mistel wird zwar zu einem Teil des sie tragenden Baumes, geht aber nicht aus der Lebenskraft der Wirtspflanze hervor und hat auch andere Blätter und Früchte als diese. Albertus geht der Frage unter dem Gesichtspunkt der Form und der Pflanzenseele weiter nach. Die Form wird dabei wieder als inneres Wachstums- und Gestaltungsprinzip verstanden, also als diejenige seelische Kraft, die die äußere Erscheinung der Pflanze mit den zugrunde liegenden Flüssigkeits- und Gestaltungsprozessen bestimmt. Im Hinblick auf die Verbindung der Mistel mit der sie tragenden Pflanze kommt er zu dem Schluss, dass man zwar meinen könne, die Seele und die Wesensform beider gingen eine Vereinigung ein, schließlich aber zeige die genauere Betrachtung, dass dies nicht der Fall sei. Beide seien hinsichtlich ihrer Seele, Form und Art zu unterscheiden. Die «Seele» begreift Albertus dabei als das innere Belebungs- und Wachstumsprinzip, als die Wirkungskraft, die auch der sinnlichen Erscheinung der Pflanze in den Farben Ausdruck verleiht; es ist nicht gemeint, dass die Pflanze ähnlich wie ein Tier oder der Mensch beseelt sei.

Zwar versteht Albertus die Pflanzenkunde im engeren Sinne durchaus als ein Gegenstandsgebiet der Physik. Dennoch zeigt die zuletzt betrachtete Textstelle,[52] wie sich zu den Begriffen Seele, Form und Art der Pflanze die Gesichtspunkte des Imaginativen und rein Geistigen dazustellen. Dies gilt insbesondere für die Beschreibungen von Heilwirkungen. Der Leser der Gegenwart ist erstaunt, mit welcher Selbstverständlichkeit Aussagen über therapeutische Wirkungen der einzelnen Pflanzen getroffen werden; sie schließen unvermittelt an Farb-, Form- und Standortbeschreibungen an und sind in der Argumentationsweise von diesen zunächst nicht zu unterscheiden. Albertus beschäftigt sich beispielsweise ausführlich mit dem Enzian (Gentiana). Er beschreibt seine Erscheinungsform, etwa dass er unmittelbar aus den Wurzeln große Blätter hervorwachsen lässt, dass er häufiger auf Bergen anzutreffen ist etc. Dann fügt er unvermittelt hinzu, dass er Gentiana genannt werde, weil «der Erste, der die Kraft ihrer Wirksamkeit bemerkte, König der Völker (gentium) war».[53] Anschließend wird beschrieben, dass der Saft das «Höchste» sei, das man dieser Pflanze entnehmen könne, und es wird eine mögliche Verarbeitung dargestellt. Etwas später folgen unvermittelt die möglichen Heilwirkungen des Enzians, etwa die Kraft, eine Fehlgeburt herbeizuführen, als «letzte Medizin» bei Skorpionbissen, als Heilmittel nach Hundebissen oder gar Verletzungen durch Wölfe – als Trank verabreicht in einem gewissen Mischungsverhältnis mit Wein.[54]

Sicherlich sind in solche Aussagen ältere medizinische Überlieferungen, Volksbräuche und auch direkte Anleihen aus traditioneller Literatur eingegangen; hier ist insbesondere an die arabische Medizin und Naturkunde etwa im Werk des Avicenna zu denken. Aber auch solche Bezugnahmen sind nicht einfach Zitate oder Übernahmen im philologischen Sinne. Selbst die kulturellen, im unmittelbaren täglichen Leben verfügbaren Anleihen bei Volksbräuchen erscheinen in solchen Texten nur dann, wenn sie sich imaginativ und geistig in den Zusammenhang stellen. Das gilt auch für philosophische Werke, die im Mittelalter teilweise mit langen Zitaten arbeiten, ohne die Quelle zu nennen; die Referenz bildet dann nicht eine persönliche Autorenschaft im neuzeitlichen Sinne, sondern der geistige Zusammenhang, der sich dem Leser aus dem Gegenstand selbst ergeben soll. Ein individueller Anspruch auf geistiges Besitztum war ohnehin nicht denkbar, da der Einzelne nicht die Wahrheit für sich gefunden haben konnte, sondern nur an einer göttlichen Wirklichkeit teilhatte. Damit sind die Aussagen des Albertus über die Heilwirkungen des Enzians so aufzufassen, dass hier die physikalische, die mathematische und die metaphysische Ebene in gleicher Unmittelbarkeit zum Ausdruck kommen. Es wird in knappe Worte gefasst, was sich als sinnlicher, als imaginativer und als geistiger Eindruck von der Pflanze für denjenigen ergibt, der nach ihrer Bedeutung fragt. Für keinen der drei Bereiche wird eine argumentative Herleitung angestrebt. Die geistige, die imaginative und die sinnlich vermittelte Erkenntnis sind gleichermaßen unmittelbar, eindrücklich, überzeugend.

Diese Perspektive ist der Neuzeit verloren gegangen; das gegenwärtige wissenschaftliche Bewusstsein setzt voraus, dass der Sinneseindruck nicht begründet werden muss, während – im Sinne des Albertus imaginativ zu erfassende – Wirkungszusammenhänge oder gar geistig-substanzielle Aussagen «subjektiv» und deshalb zu begründen und ausführlich abzusichern sind. Damit hat die Betrachtungsart der Neuzeit Imagination und geistige Erkenntnis fast der Beliebigkeit anheimgestellt, Sicherheit wird nur in der durch Sinneserfahrung begründeten Erkenntnis gesucht.

Für eine neue christlich-aristotelische Menschenkunde und ihre therapeutische Ausgestaltung wäre zu fragen, welche Weiterentwicklung der neuzeitlichen Positionen notwendig ist, um beispielsweise zu einer geistig begründeten Heilmittelkunde zu gelangen. Der geisteswissenschaftliche Weg kann dabei selbstverständlich nicht unmittelbar auf Albertus oder andere mittelalterliche Autoren zurückgreifen, wohl aber an ihnen verdeutlichen, welche imaginative und geistige Kraft in der älteren aristotelischen Anthropologie für mögliche Zukunftsgestaltungen im 21. Jahrhundert liegt.

Man kann den Zugang von Albertus zur Heilwirkung der Pflanzen als Begriffsrealismus bezeichnen. Die Begriffe sind als geistige Wirklichkeit in sich selbst aussage- und realitätsfähig, müssen nicht zu ihrer Bestätigung auf eine sinnliche Wirklichkeit bezogen werden. Dies ist auch gar nicht möglich, weil die Begriffe keine sinnlich fassbare Realität widerspiegeln sollen, sondern Ausdrucksformen geistiger Wirklichkeit sind. Und die Beziehung zwischen geistiger Wirklichkeit und Begriff ist eine andere als die zwischen sinnlich Erscheinendem und seiner Darstellung. Im Januar 1925 schreibt Rudolf Steiner, eine «gefährliche Empfindung» für das wissenschaftliche Denken der Neuzeit in der Auffassung bestehe darin, «dass die Ideen nur auf die Sinneseindrücke anwendbar seien».[55] Als Idee ist dabei ein geistiger Zusammenhang zu verstehen, der in einem oder mehreren Begriffen zur Darstellung kommen kann.

Anschließend wird deutlich, dass in einem solchen Ideen- oder Begriffsrealismus eine michaelische Grundhaltung zu sehen ist. Deren gegenwärtige (nicht mittelalterliche) Realisierung führt in ein Lebensgefühl und eine Erkenntnisausrichtung, die der Gegenwart und Zukunft angemessen sind. Aus ihr kann ein Verständnis des Menschen nicht nur in seiner irdischen Existenz, sondern auch im ganzen kosmischen Zusammenhang hervorgehen. «Wenn der Mensch in sich die Ideen zu erleben wieder fähig wird, auch dann, wenn er sich mit ihnen nicht an die Sinneswelt anlehnt, dann wird dem Blick in den außerirdischen Kosmos wieder Helligkeit entgegenströmen. Das aber heißt Michael in seinem Reiche kennenlernen.»[56]

In einem der vorangegangenen Leitsatzbriefe (mit dem Titel «Im Anbruch des Michael-Zeitalters») spricht Rudolf Steiner von dem mittelalterlichen Begriffsrealismus, etwa im Werk des Thomas von Aquin. Er nennt dabei auch die Beziehung zum

Nominalismus, der sich vom 13. Jahrhundert an zunehmend artikulierte. Der Realismus sieht eine geistige Wirklichkeit im Begriff selbst, während das nominalistische Denken den Begriff lediglich für ein Abbild oder eine Wiedergabe sinnlich erfassbarer Wirklichkeit hält. Für den Nominalismus besteht die Realität nicht im Begriff, sondern in den Dingen, die der Begriff bezeichnet. Rudolf Steiner verbindet mit dieser gemeinhin akzeptierten Auffassung des Verhältnisses von Realismus und Nominalismus den weiterführenden Hinweis, dass die nominalistische Auffassung eher das Bewusstsein auf den Denkvorgang selbst richtet, während die begriffsrealistische Position den Wahrheitsinhalt betont. – In dem anschließenden Leitsatzbrief kommt Rudolf Steiner dann auf die gegenwärtige Ausgestaltung begriffsrealistischen Denkens im Sinne einer michaelischen Lebensorientierung zu sprechen. Der Begriff oder die Idee als Begriffszusammenhang sind nicht nur deskriptiv im Hinblick auf eine bestehende Wirklichkeit, sondern werden zu einem Wahrnehmungsorgan für eine geistige Realität, die ohne den entsprechenden Begriffszusammenhang im Dunkeln bleiben müsste. «Von dieser Tatsache, dass die Ideen des Menschen nicht nur ‹denkend› bleiben, sondern im Denken ‹sehend› werden, hängt unermesslich viel ab.»[57] Damit ist die Richtung angegeben, die eine begriffsrealistische Ausrichtung der Gegenwart von der mittelalterlichen unterscheidet. Das Mittelalter konnte in den Begriffen noch unmittelbar die Präsenz geistiger Wirklichkeit erleben; diese geistige Wirklichkeit wählte sich gleichsam für das menschliche Bewusstsein ihre Erscheinungsform im Begriff. Die michaelische Erkenntnis- und Lebenshaltung der Gegenwart besteht demgegenüber darin, zunächst eine frei, das heißt noch nicht objektiv eingebundene Begriffs- und Ideenfähigkeit zu entwickeln. Nicht der Engel bewegt den Begriff im menschlichen Bewusstsein, sondern der Mensch denkt selbst – zunächst durchaus nur seine eigenen, vielleicht illusionsanfälligen Gedanken, keine geistige Wirklichkeit, der er sich angleichen muss. Der Mensch wird im Gedankenleben zunächst frei, bildet aber dabei die Idee als Begriffszusammenhang so aus, dass sie zu einem Wahrnehmungsorgan für geistige Realität werden kann. Dieses Wahrnehmungsorgan ist dann in der Lage, Wirklichkeitsbereiche zu erschließen, die Albertus als imaginativ oder geistig bezeichnete und die für das neuzeitliche Bewusstsein zwischenzeitlich verloren gegangen sind.

Die christlich-aristotelische Menschenkunde des 13. Jahrhunderts, aber auch der vorangegangene arabische Aristotelismus entwickelten ein Menschenverständnis aus der Realität des Begriffs. Die Pflanzenkunde des Albertus Magnus, aber auch beispielsweise das Werk über *Die Genesung der Seele* des arabischen Denkers Avicenna (980–1037) legen davon Zeugnis ab. Der Titel dieses philosophischen Hauptwerks des Arztes und Philosophen Avicenna ist durchaus wörtlich zu nehmen: Der Mensch gesundet aus dem richtigen philosophischen Verständnis der Welt. Philosophie ist nicht nur theoretischer Überbau oder geistige Welterklärung, sondern eine geistige Lebenskraft für Seele und Leib. Eine so aufgefasste Wahrheit wirkt befreiend und entfaltet therapeutische Kraft. Albertus konnte die Heilwirkung von Pflanzen durch Begriffsbewegung im Geistigen ausmachen; Avicenna sieht die menschliche Geistseele in der begrifflichen Tätigkeit in ihrem eigentlichen Element, das auf sie gesundend wirken muss.

In dieser Einstellung beschreibt Avicenna die Existenz des Menschen nach dem Tod und bezieht sie auf sein irdisches Sein. Nachtodlich wird der Begriff, den sich der Mensch auf der Erde von geistiger Wirklichkeit gebildet hat, zur Realität. Der Mensch denkt dann nicht durch seinen Leib, sondern durch die planetarischen Körper und deren Bewegungen. Dabei kommen sowohl die seelisch gesundenden, als auch die problematisch wirkenden Vorstellungen der Menschen zu ihrer Verwirklichung. Die Vorstellungen, die die Menschen «im Leben erworben haben», treten intensiv hervor, «und dieses bringt ihnen Pein».[58] Der Eindruck ist nun wesentlich intensiver, als dies eine sinnliche Empfindung jemals sein könnte. Die geistige Wirkung ist noch eindrücklicher als Traumbilder, die ebenfalls von sinnlicher Wahrnehmung relativ unabhängig sind. « ... die inneren Vorstellungen dringen im anderen Leben noch tiefer ein als das im Traum auftretende Bild, weil jene Vorstellungen kaum Hinderungen erfahren und weil ferner das aufnehmende Substrat (die körperlose Seele) von reinerer Natur ... ist.»[59] Anschließend erläutert Avicenna, dass der geistig-seelische «Inhalt» der Seele entscheidend ist, nicht dessen Beziehung auf eine sinnlich wahrnehmbare Außenwelt. An dieser Stelle wird deutlich, wie der Begriffsrealismus, der die Realität des Begriffs jenseits seiner Wiedergabefähigkeit äußerer Wirklichkeit betrachten kann, in der Lage ist, die Existenzbedingungen des nachtodlichen Seins zu begreifen. «Denn die wesentliche Ursache ist nicht das Ding der Außenwelt, sondern nur derjenige Inhalt, der in die Seele eingezeichnet wird.»[60] Damit ist aber das in die Seele Eingezeichnete nicht weniger real als Gedanken, die sich auf eine sinnlich empfundene Welt beziehen. Die Lebenssituation der verstorbenen Geistseele hängt davon ab, wie weit es ihr gelingt, die geistige Bezugnahme auf die Sinneswelt zu überwinden und sich dennoch im Element der Wirklichkeit zu bewegen. Leiblich, seelisch und geistig kann es der Geistseele gelingen, die irdische Körperbezogenheit des Lebens und des Denkens zu überwinden. «Wenn irgendetwas von ... körperlichen Dispositionen, entweder eine Disposition der Überzeugung oder eine Disposition der Naturanlage, in ihr zurückbliebe, dann würde sie dadurch Schmerz empfinden. Sie würde zurückgesetzt auf Grund dieser Beziehungen zum

Materiellen und zurückstehen hinter der Stufe der höchsten Bewohner des Himmels.»[61]

Der Begriffsrealismus eröffnete für die aristotelische Menschenkunde die Möglichkeit, den Menschen in umfassend kosmologischer Einbettung zu verstehen. Die höchsten Prinzipien des Himmels, die Sphären der Engelwelt, das elementarische Sein und schließlich das Erdenelement bestimmen die menschliche Existenz, nicht allein die Wirklichkeit, die unter Erdenbedingungen sinnlich zu erkennen ist. Der kosmische Zusammenhang ist dabei nicht «ausgedacht» oder aus irdischen Existenzbedingungen abgeleitet, vielmehr zeigt er sich für die begriffsrealistische Betrachtung im Sinne von Albertus imaginativ oder geistig. Es liegt auf der Hand, dass aus einer solchen Perspektive Verständnis- und Therapieansätze hervorgehen, die die Ursächlichkeit für Gesundheit und Krankheit im Menschen als kosmischem Wesen sehen und damit geistige Wirksamkeiten (auch von stofflichen Substanzen etwa der Pflanze) beschreiben müssen. Der Mensch erscheint als dasjenige Wesen, das durch die Belebung der Elementarwelt den geistigen Kosmos auf die Erde trägt und so mit dem Materiellen verbindet. «Die erste Stufe ist die der rein geistigen Engel, die Geister genannt werden. Darauf folgen die Stufen der geistigen Engel, die Seelen genannt werden. Dieses sind die wirkenden, tätigen Engel. Darauf folgt die Stufe der himmlischen Körper. Sie verhält sich so, dass der eine Körper immer vollkommener ist als der andere … bis man zu dem letzten hingelangt. Später als diese Körper beginnt die Materie, die aufnahmefähig ist für die Wesensformen, die entstehen und vergehen. Zuerst umkleidet sie sich mit der Wesensform der Elemente; dann steigt sie langsam, Schritt für Schritt, auf. Das erste Seiende, das in der Materie besteht, ist niedriger und unvollkommener in seiner Seinsstufe als dasjenige, was auf dieses erste folgt. Am niedrigsten steht in ihm die Materie. Darauf folgen die

Elemente, dann die zusammengesetzten, festen Körper, dann die Pflanzen. Das vollkommenste Lebewesen ist der Mensch. Auf ihn folgen die Tiere und dann die Pflanzen. Der vollkommenste Mensch ist aber derjenige, dessen Seele im aktuellen Denken vervollkommnet wurde und dessen Seele zugleich mit ethischen Eigenschaften ausgestattet ist, die praktische Tugenden sind.»[62]

Seele und Bewegung

Seelenleben im engeren Sinne beginnt mit der Bewegung. Dieser Aspekt ist der Psychologie des 19. und 20. Jahrhunderts weitgehend verloren gegangen; in dem von Aristoteles herkommenden Seelenverständnis war er von Anfang an enthalten. Die neuere Psychologie hat sich auf das innerseelische Erleben konzentriert; im Aristotelismus war jedoch deutlich, dass innere Empfindung und Sinneswahrnehmung nach außen bei denjenigen Lebewesen beginnen, die zur selbsttätigen Ortsbewegung fähig sind.

Bei den Tieren ist innen und außen seelisch wie leiblich klar differenziert. Die innere bewusste Empfindung, etwa des Schmerzes oder des Hungers, aber auch des Wohlgefühls, steht einer nach außen gerichteten Sinneswahrnehmung gegenüber. Aber auch der Sinneseindruck wirkt nach innen, wird also zu einer erlebten Empfindung. Das Tier erlebt sich als von der Außenwelt abgegrenzt, als in sich geschlossener seelischer wie leiblicher Organismus. Als eine solche Einheit ist es zur eigentätigen Bewegung in der Umwelt fähig, die nicht es selbst ist. Die Pflanze dagegen bleibt ortsgebunden; sie ist im Inneren wie im Äußeren Ausdruck ihrer Umgebung. Da sie den gegebenen Standort nicht verlassen kann, hängen ihre Größe, Form und Farbe von den gegebenen Witterungs- und Erdeinflüssen ab. Die elementare Welt bestimmt unmittelbar die pflanzliche Existenz, ohne dass diese sich aus den Umwelteinflüssen durch eine selbstgeführte Bewegung emanzipieren könnte. Die Pflanze besitzt im Unterschied zum Tier kein bewusstes Innenleben, keine Empfindung ihrer selbst oder der Außenwelt. Es fehlen die Organe der seelischen Sinneswahrnehmung. Alle inneren Organe sind nicht wirklich gegenüber der Außenwelt abgeschlossen, sondern stellen im Sinne der Anschauung Goethes eine Metamorphose der äußeren pflanzlichen Formgestalt, des Blattes, dar. – Indem die Gesamtexistenz der Pflanze eng mit ihrem Standort verwoben ist, indem ihr also keine Eigenbewegung gegeben ist, lebt sie in unmittelbarer Einbindung in das elementarische Sein. Das zur Bewegung fähige Tier bildet seelisch wie organisch einen Innenraum aus, der den elementarischen Prozess übersteigt und sich gegen ihn abgrenzt. Hier findet im Sinne der aristotelischen Psychologie der Übergang von der Lebensseele, der *anima vegetativa,* zur Sinnesseele, der *anima sensitiva,* statt.

Die Bewegung der Seele umfasst in der aristotelischen Überlieferung das gesamte seelische Spektrum von der Bewegung der Tiere bis hin zur kosmischen Planetenbewegung. Von diesem psychologischen Ansatz ist in der Psychologie des 19. und 20. Jahrhunderts kaum noch mehr als die «Seelenbewegung» übriggeblieben, die in einem rein innerlich-emotionalen Sinne aufgefasst wird.

Es wäre sogar möglich, an dem älteren aristotelischen Bewegungsbegriff ein neues Organverständnis zu entwickeln. Denn die Auffassung des Herzens stellt in der aristotelisch-psychologischen Überlieferung einen Übergang von der Seelenlehre zu einem Organverständnis her: Es wird immer wieder der Versuch unternommen, die Bewegung des Herzens wesenhaft zu begreifen. Auf der anderen Seite des seelischen Spektrums ergibt sich eine Perspektive auf den menschlichen Willen, wenn dieser nicht allein als innere Intention, sondern auch im Hinblick auf die Muskelbewegung verstanden wird.

Man könnte der Auffassung sein, dass mit dem Herabdämmern des aristotelischen Bewegungsbegriffs die eigentliche Abkehr von der jahrtausendealten Entwicklung der Psychologie des Aristoteles erfolgt ist. Gleichzeitig hat die neuere Psychologie die Einbindung des Menschen in den Kosmos nicht mehr thematisiert. Mit dem Verlust der menschlichen Bewegung ging einher, dass die Planetenbewegung psychologisch nicht mehr beachtet wurde und damit die Betrachtung der Planetenseele zu Ende ging. Die christlich-aristotelische Psychologie des Mittelalters hat immer wieder darauf hingewiesen, dass wissenschaftlich von einer Seele der Planeten nur die Rede sein könne, wenn man zunächst nicht auf ein seelisches oder organisches Innenleben des Planeten blicke, sondern seine Bewegung in den Mittelpunkt der Betrachtung stelle. Die Planetenbewegung erscheint damit als Ausdruck der planetarisch-seelischen Existenz.

Aber auch schon in der vorangegangenen arabischen Aristoteles-Überlieferung wurde dieser Aspekt herausgearbeitet. Avicenna schreibt in seinem Buch über *Die Genesung der Seele* zu den Planetensphären: «Daher bleibt nur noch die eine Möglichkeit übrig, dass jede der einzelnen Sphären ein Verlangen hat, sich mit einer rein geistigen, unkörperlichen Substanz, die ihr in spezieller Weise verbunden ist, zu verähnlichen. Daher sind die Bewegungen und die Zustände der Sphären so verschieden, wie diese geistigen Substanzen selbst in sich verschieden sind.»[63] Die Bewegungen der einzelnen Planeten und eines ganzen planetarischen Zusammenhanges erscheinen hier als Weg der Vergeistigung, das heißt der Nachahmung des geistigen Prinzips, das die Planeten beseelt, in einer räumlichen Bewegung. Die Bewegungsgestalt entspricht der geistigen Substanz der Planetenseele bzw. des Planetengeistes, der die jeweilige planetarische Sphäre belebt. Deshalb kann dieser Geist, der durch die planetarische Bewegung zur Planetenseele wird, als die letzte Ursache der Planetenbewegung und somit als der eigentliche Beweger der Planeten gelten. Ein Geist wird immer dann zur Seele, wenn er einen Körper belebt. Diese Beseelung findet im Bereich planetarischer Wirklichkeit in erster Linie in der Planetenbewegung ihren Ausdruck.

«Daher besitzt also jede Sphäre einen unkörperlichen, für sich bestehenden Geist, der sich zu ihrer Seele verhält wie der aktive Intellekt zu unserer Seele. Er verhält sich wie ein universelles und geistiges Vorbild ... zu der Art der Tätigkeit der Sphäre.»[64] Der «aktive Intellekt» der menschlichen Seele, der *intellectus agens* der aristotelischen Überlieferung, ist der leibunabhängige, die Körperexistenz überdauernde Geist des Menschen. Wenn er mit dem Leib verbunden ist, wird er zur Seele, das heißt derselbe Geist wirkt als *anima intellectiva* (Geistseele) und zugleich als *anima sensitiva* (Sinnesseele) und *anima vegetativa* (seelisches Belebungs- und Ernährungsprinzip) im Leib. Dabei handelt es sich um ein und dieselbe Seele in ihrer Differenzierung im Leib, ausgehend von derjenigen Individualität, die geistig auch unabhängig vom Leib weiterbesteht. – Avicenna stellt also in knappen Worten den Vergleich auf: Der Planetengeist wird in der Belebung des Planetenkörpers zur Planetenseele, wie der menschliche Geist sich als Seele des Menschen mit dem Leib verbindet. Beide streben danach, im Leib sich dem geistigen Ausgangsprinzip zu verähnlichen, das heißt im Leib allmählich zu verwirklichen, was geistig den Ausgangspunkt und die Ursache der eigenen Existenz bildet. Der Mensch strebt danach in seiner biografischen Entwicklung auf der Erde, der Planet oder das Planetensystem durch die Bewegungsform bzw. den Zusammenhang der einzelnen Bewegungen.

Etwas später heißt es bei Avicenna: «Du hast bereits gesehen, dass die Bewegung der himmlischen Sphäre eine auf einem seelischen Prinzip beruhende ist, die von einer himmlischen Seele ausgeht. Diese ist tätig, indem sie sich nach freier Wahl entschließt und immer wieder neue Willensentschlüsse in kontinuierlicher Kette hervorbringt, indem das Eine sich an das Andere anschließt. Die Zahl der reinen Geister, die auf das erste Seiende folgen, ist also bestimmt durch die Zahl der Bewegungen.»[65] Das «erste Seiende», die erste Ursache oder der Gott der Götter, ist auch der Ausgangspunkt aller kosmischer Bewegung. Wie viele hierarchische Geister auf ihn folgen, kann an der Anzahl kosmischer Bewegungen (in den Planetensphären) abgelesen werden. Der Blickwinkel Avicennas könnte es ermöglichen, aus der planetarischen Bewegung eine Hierarchienanschauung zu entwickeln. Dieser Aspekt, der das hierarchische Sein mit der kosmisch-räumlichen Bewegungsexistenz verbindet, führt im Aristotelismus über die Hierarchienlehre des Dionysius Areopagita und ihre spätere christliche Ausgestaltung hinaus. Davon legt auch der kurze Hinweis Avicennas Zeugnis ab, dass die aus irdischer Perspektive völlig gleichförmig erscheinende Planetenbewegung frei hervorgebracht wird, dass sich in ihr eine kontinuierliche Folge freier Willensentschlüsse verbirgt.

Die Bewegung des Menschen ist mit dem Willen verbunden. Der intentionale Wille wird durch die äußere Bewegung Wirklichkeit, aber auch der innere Willensprozess kann unter dem Aspekt der Bewegung betrachtet werden. Dann entspricht er zwar der natürlichen Bewegung (etwa des Herzens), geht aber über sie hinaus, indem Bewusstsein und freie Entscheidung mit ihm verbunden sind. Die innere und nach außen geführte Willensbewegung bedient sich im Menschen der seelischen und körperlichen Natur, geht aber über sie hinaus. Thomas von Aquin hat aus diesem Zusammenhang eine ganze Bewegungspsychologie entwickelt, die sich etwa in den folgenden Sätzen artikuliert: «Bezüglich des Guten beginnt die Bewegung *(motus)* in der Liebe, schreitet fort zur Sehnsucht und endet in der Hoffnung. Bezüglich des Übels aber beginnt sie im Hass, schreitet fort zur Flucht und endet in der Furcht. ... Bewegung nämlich geht auf Zukünftiges, Ruhe dagegen liegt im Gegenwärtigen ... Das trifft zu, insofern Hoffnung und Furcht die Bewegung des Strebevermögens bezeichnet, die sich ganz allgemein auf etwas Begehrenswertes oder Verabscheuungswürdiges richtet.»[66] Diese Aussagen machen unmittelbar deutlich, wie die Bewegungspsychologie in der Lage ist, die Seele im Leib als innerlich wie äußerlich bewegtes Wesen zu begreifen. Damit besteht in der aristotelischen Überlieferung ein Ansatzpunkt, die Verbindung von Seele und Leib wissenschaftlich exakt zu fassen: über den Bewegungsbegriff, der innere (seelische) und äußere (leibliche) Bewegung verbindet.

Damit ergeben sich weitreichende Möglichkeiten, über den Bewegungsbegriff die leibliche und seelische Seite der menschlichen Existenz, ihren Natur- und ihren Geistaspekt in einem stimmigen Zusammenhang zu sehen, also nicht künstlich auseinander zu dividieren oder voreilig zu identifizieren. Die Seele erscheint dann nicht nur als wesentlich geistig, aber auch nicht allein als Reflex des Natürlichen. Zu verdeutlichen ist dies beispielsweise an einem Verständnis der Liebe, dessen Ansatzpunkt die natürliche wie die geistige Dimension des Liebens umfasst. Bei Thomas heißt es: Man nennt «nun Liebe dasjenige, was Ursprungsgrund zu der auf das geliebte Ziel hingehenden Bewegung ist. Im naturhaften Streben ist der Grund einer solchen Bewegung die naturinnere Übereinstimmung des Strebenden mit dem, wonach er strebt. ... Liebe ist mithin im sinnenhaften Strebevermögen, wie die geistige Liebe im geistigen Strebevermögen ist.»[67]

Rudolf Steiner hat häufiger darauf hingewiesen, dass das richtige Verständnis der Beziehung von Leib und Seele zu den Fundamenten einer zukünftigen Psychologie und allgemeinen Menschenkunde gehören wird. Auch therapeutische Ansätze haben diese Grundlage zu berücksichtigen, wenn sie wirklich wirksam sein sollen.[68] Der aristotelische Bewegungsbegriff könnte den Ansatzpunkt für eine solche wissenschaftliche Grundlage bilden. In seinen Ausführungen zur «Auferstehung» geht Thomas von Aquin im 13. Jahrhundert sogar noch einen Schritt weiter, indem er neben der leiblichen und seelischen auch die geistige Dimension der Bewegung in seine Überlegungen mit einbezieht. Die zukünftige «Auferstehung» des Menschen erscheint dort auch unter dem Gesichtspunkt, wie eine menschliche Bewegung beschaffen sein kann, die sich vergeistigt. Thomas unterscheidet die vergeistigte Bewegung des Menschen von der Bewegung des Engels, die keine Ortsbewegung im eigentlichen Sinne ist. Die Bewegung des menschlichen Auferstehungsleibes wird eine Ortsbewegung sein, allerdings unter anderen Bedingungen als den alten irdischen. «So wird denn, was immer für einen Augenblick der Wille bestimmen wird, der Leib in jenem Augenblick an dem Ort sein, den der Wille bestimmt.»[69] Wille und Leibesbewegung gehören also auch für den zukünftigen Menschen zusammen, selbst wenn die gegenwärtigen Zeitverhältnisse sich verändern werden. In solchen Betrachtungen klingt andeutungsweise an, dass die Beziehungen zwischen Leib, Seele und Geist weitreichenden Veränderungen ausgesetzt sein können. Aber auch diese Entwicklungsverläufe werden aus der Bewegungsbetrachtung heraus verständlich.

Am menschlichen Herzen kann der Berührungspunkt von Leib und Seele am deutlichsten studiert werden. Thomas: «Bei jeder seelischen Leidenschaft handelt es sich um ein Mehr oder Weniger in der natürlichen Bewegung des Herzens, sofern nämlich das Herz stärker oder schwächer arbeitet im Zusammenziehen oder Ausdehnen. Insofern hat die Bewegung die Bewandtnis der Leidenschaft. Es ist (damit) jedoch nicht gesagt, dass die Leidenschaft immer von der Ordnung der natürlichen Vernunft abweicht.»[70] Seelische Bewegung und Herzbewegung stehen in engstem Zusammenhang; hier zeigt sich ein Übergangspunkt zwischen Seele und Leib, möglicherweise auch in seiner geistigen Dimension. Denn Thomas weist darauf hin, dass die seelische Leidenschaft nicht gegen «Vernunft» *(ratio)* abgegrenzt werden darf. Insofern ist zu vermuten, dass auch die geistige Bewegung, nachdem sie im menschlichen Erleben zu seelischer Wirklichkeit geworden ist, über die Herzbewegung in den Organzusammenhang des Menschen hineinwirken und dort zu Veränderungen führen kann.

Die Elemente im Organismus: Bewegung und Mischung

Neben dem Begriff der Bewegung *(motus)* führt der Begriff der Mischung zu einem Verständnis des menschlichen Leibes *(corpus mixtum ex elementis)*. Aus beiden ergibt sich in der aristotelischen Menschenkunde des Mittelalters ein Verständnis der Beziehung von Leib und Seele. Aber auch hier zeigt sich die Einbettung der Anthropologie in ein umfassendes Bild des Kosmos und der Natur. Bewegung und Mischung bilden nämlich den Ausgang jeder Entwicklung, jeden Prozesses im Universum. Die Himmelskörper beeinflussen irdische Prozesse durch Bewegung, ein einfaches Beispiel bildet der Zusammenhang von Ebbe und Flut einerseits und Mondstellung andererseits. Aber die Himmelskörper wirken auch auf die Mischung der Elemente, aus denen die irdischen Körper zusammengesetzt sind. In der Anthropologie verbinden sich beide Betrachtungsarten, wenn etwa die Lungenatmung unter dem Gesichtspunkt der Bewegung erscheint und gleichzeitig betrachtet wird, wie die ein- und ausgeatmete Luft kühlend auf den Flüssigkeitszusammenhang im Organismus wirkt (Beziehung von Atmung und Blutsystem).

Die vier Elemente Erde, Wasser, Luft und Wärme (Feuer) bilden prozessual die Verbindung zwischen Seele und Leib, indem Bewegung und Mischung zusammenwirken. Im großen kosmologischen Zusammenhang der Natur ist wiederum anschaubar, was auch für den Menschen gilt. Die Bewegung der Gestirne bringt Wärme und Kälte, Luftbewegung, Bewegung des Wassers hervor. Mit der Luftbewegung verändert sich auch die Mischung der Elemente: Die wässrige Luft des Dunstes wird in der Luftbewegung und der Wärme trockener, Wärmeunterschiede im Gewitter und daraus hervorgehende Luftbewegungen führen zu Regengüssen und damit zu Veränderungen im Element der Erde. Im menschlichen Leib besteht ein enger Zusammenhang von Bewegung, elementaren Mischungsverhältnissen und seelischen Kräften bzw. Zuständen.

Die seelische Kraft der Sinneswahrnehmung, die sich entsprechende körperliche Organe schafft, wurde als Sensibilität für die unterschiedlichen Mischungsverhältnisse der Elemente verstanden. Hier kommt dem allgemeinen Sinn (*sensus communis),* dem Tastsinn, eine besondere Bedeutung zu, wie etwa im Kommentar des Thomas von Aquin zu der Schrift des Aristoteles *Über den Sinn und das sinnlich Wahrgenommene* deutlich wird.[71] Das Tastgefühl bildet den am meisten umfassenden Sinn, als Organ umgreift er fast den ganzen Menschen, ist viel weniger als andere Einzelsinne im Leib lokalisierbar. Durch den Tastsinn macht sich die Seele im Hinblick auf die elementarische Wirklichkeit erlebnis- und damit bewusstseinsfähig.

Eine Zentralstellung an dem Berührungspunkt von Seele und Leib, von Bewegung, Mischung der Elemente und seelischer Bewusstseinsfähigkeit kommt dem Herzen zu. Thomas differenziert deutlich zwischen dem Herzen des Menschen und demjenigen der Tiere. In seiner Schrift *Über die Bewegung des Herzens (De motu cordis)* zeigt sich, dass nur beim Menschen willentliche und geistige Ausrichtungen Einfluss auf die Herzbewegung und auf die elementarischen Wirkungen des Herzens besitzen können. Dennoch ist die Ursache der Herzbewegung selbst zunächst nicht geistig oder vernünftig, sondern bei Mensch und Tier, also bei allen Sinnenwesen rein seelisch-natürlich.[72] Eine zunächst von der Seele aller Sinnenwesen natürlicherweise hervorgebrachte Bewegung wird beim Menschen fähig, einen «übernatürlichen» Einfluss aufzunehmen, durch Geisteskraft verändert zu werden. Damit erhält das Herz als erstes Organ eine gewisse Ich-haftigkeit.

An dieser Stelle weist das Herzverständnis des Thomas von Aquin über eine Auffassung der aristotelischen Herzlehre hinaus, wie sie sich etwa in einem Fragment *Über Herzmedizin (De medicinis cordialibus)* des Avicenna spiegelt. Dort heißt es, der Seelengeist eines Menschen *(spiritus)* entspreche dem Zustand seines Blutes.[73] Das bedeutet, dass die Mischungsverhältnisse und Wärme- bzw. Kälteprozesse des Blutes die Seelenlage des Menschen bestimmen, während die umgekehrte Wirkung, der Einfluss der Seele auf die Elementarprozesse des Leibes, in den Hintergrund tritt. Jedenfalls kommt in beiden Wirkungsrichtungen dem Herzen die entscheidende Bedeutung zu. Denn in ihm begegnen sich die seelische Bewegung einerseits und die körperliche Bewegung und der sie begleitende elementare Prozess des Leibes andererseits am allernächsten.

Thomas von Aquin entfaltet sein Herzverständnis an der Bewegungsfrage. «Die Bewegung des Herzens ... ist ein Kennzeichen der Sinnenwesen»,[74] deswegen kann sie ihre Ursache nicht in derjenigen Ernährungs- und Wachstumsseele haben, die auch die Pflanzen besitzen. Aber es handelt sich bei der Herzbewegung auch nicht um einen elementarischen Prozess; denn die Herzbewegung hat zwei Richtungen (Stoßen und Ziehen), während die Elemente sich nur in eine Richtung bewegen: das Feuer (die Wärme) nach oben, die Erde nach unten. Die Wärme als elementarische Wirklichkeit kann auch aus dem Grunde nicht Ursache der Herzbewegung sein, weil die Bewegung des Herzens «urspünglicher und im höheren Maße mit dem Leben gleichzeitig» ist als der Wärmeprozess im Körper.[75] Vielmehr bringt eine Veränderung der Herzbewegung eine Modifikation der Körpertemperatur hervor.

Für ein Verständnis des menschlichen Herzens scheint sich nun insofern ein Problem zu ergeben, als die Herzbewegung als die Ursache aller anderen Bewegungen des Menschen gilt. Das Herz ist Aristoteles zufolge der Ursprung aller Bewegung. Wenn «die Bewegung aller anderen Glieder von der Bewegung des Herzens bewirkt wird ... so können die anderen Bewegungen zwar willkürlich sein, die erste Bewegung aber, diejenige des Herzens, ist natürlich.»[76] Alle Bewegungen des Menschen sind auf das Erstrebenswerte gerichtet; das höchste Erstrebenswerte aber ist eine geistige Ursache, die nicht natürlicherweise, sondern nur vom frei urteilenden und denkenden Menschen erstrebt werden kann. Dennoch besteht kein Widerspruch darin, dass für den Menschen in dieser Perspektive alle Bewegungen letztlich geistig verursacht sind, der Bewegungsursprung im Herzen aber nicht geistig, sondern rein natürlich hervorgebracht wird. – An dieser Stelle zeigt sich, dass für das Herzorgan das Problem entsteht, wie natürliche Existenzgrundlage und freier Geist als seelische Form im menschlichen Leib zusammenkommen. Denn es gilt auch hier das Prinzip der *anima forma corporis,* der Seele als Form des Leibes, das heißt, der Organismus und seine Bewegungen sind von der ihn belebenden Seele verursacht. In der menschlichen Seele als Formursache des menschlichen Leibes aber wirkt Natürliches und Übernatürliches als Kraft zusammen, und das menschliche Herz ist das erste Organ, an dem direkter geistiger Einfluss als seelische Formursache auf ein Organ denkbar wird. Dass dieser Prozess sich auch für den übrigen Organismus denken lässt, wird von der aristotelischen Menschenkunde des Mittelalters nicht berührt.

Wieder wird eine kosmische Beziehung hergestellt, in der der Mensch als «kleine Welt», als Mikrokosmos erscheint. Die Art, wie die Seele den Leib bewegt, entspricht der Art, wie die Himmelsseele die himmlischen Körper in Bewegung versetzt. «Deshalb ist auch die sich aus ihr ergebende Bewegung der Himmelsbewegung sehr ähnlich: die Bewegung des Herzens im Sinnenwesen entspricht nämlich der Bewegung des Himmels in der Welt.»[77] Dennoch erreicht die Herzbewegung nicht die Himmelsbewegung, weil Letztere gleichförmig und ununterbrochen ist, während die Bewegung des Herzens aus Ziehen und Stoßen zusammengesetzt ist und damit die kreisförmige Himmelsbewegung lediglich nachahmt. «Um Ursache und Ziel aller Bewegungen zu sein, die sich im Sinnenwesen finden, besitzt das Herz nicht eine kreisförmige, sondern eine dem Kreisförmigen ähnliche, nämlich eine aus Ziehen und Stoßen zusammengesetzte Bewegung.»[78]

An diese Beziehung auf die Himmelsbewegung kann Thomas nun anschließen, was ihn über die erwähnte ältere Auffassung hinausführt und den Anknüpfungspunkt für ein neues Herzverständnis und damit für die Beziehung zwischen Seele und Leib bilden kann. Die Himmelsbewegung bleibt immer einförmig, «die Bewegung des Herzens dagegen ändert sich entsprechend den verschiedenen Stimmungen und Wahrnehmungen der Seele. Denn die Stimmungen in der Seele werden nicht von Veränderungen des Herzens bewirkt, sondern die Stimmungen der Seele verursachen im Gegenteil eher die Veränderungen des Herzens. Deshalb liegt in den Zuständen der Seele, beispielsweise im Zorn, das Formale, das von der Stimmung herrührt und etwa in dem Verlangen nach Rache besteht; das Materiale dagegen bezieht sich auf die Bewegung des Herzens, beispielsweise als eine Entflammung des Blutes in der Umgebung des Herzens. Bei allem Natürlichen besteht die Form aber nicht auf Grund der Materie, sondern umgekehrt ... Demnach verlangt jemand nicht deshalb nach Rache, weil das Blut in der Umgebung des Herzens entflammt wird, sondern weil er zum Zorn veranlagt ist; er gerät aber auf Grund des Verlangens nach Rache in Zorn.»[79]

Die menschliche Seele ist Form ihres Leibes; der Leib mit allen Organen einschließlich des Herzens ist darauf angelegt, als Materie dieser Form von ihr geformt zu werden: in seiner Gestalt, in seiner inneren Zuständlichkeit, in seinen Bewegungen. Somit bringt keine leibliche Kraft die seelischen Bewegungen hervor, sondern die Stimmungen, Wahrnehmungen und Gedanken der Seele verändern als organische Formkraft die Bewegung des Herzens und damit auch die Elementarwirklichkeit des Leibes, etwa in der Erwärmung des Blutes. Hier liegt in der älteren aristotelisch-christlichen Menschenkunde ein Anknüpfungspunkt grundsätzlicher Art. Es zeigt sich nämlich, dass aus der Anthropologie des Aristoteles und seiner christlichen Weiterentwicklung ein Menschenbild hervorgeht, das im Menschen als geistig-seelischem Wesen die Ursache für seine organische Ausgestaltung sehen kann, und nicht umgekehrt die leibliche Lebensgrundlage als Ursache seelischer Wirklichkeit deutet. Das Verständnis des Menschen steht hier an einem echten Scheideweg.

Aus der Anthropologie des Aristoteles ist die gesamte Wissenschaft vom Menschen hervorgegangen, zunächst vor- und außerchristlich in Griechenland, Rom und im arabischen Kulturzusammenhang, dann auch – vor allem vom 13. Jahrhundert an – innerhalb des Christentums. Im arabischen Aristotelismus hat diese Wissenschaft vom Menschen eine außerordentliche Blüte erlebt: bei den Ärzten und Philosophen, aber auch in der praktisch-medizinischen und soziokulturellen Entwicklung. Man denke beispielsweise an die Wissenschaftseinrichtungen und Kliniken im Bagdad des 9. Jahrhunderts unter Harun al Raschid. An diese Entwicklung knüpfte der christliche Aristotelismus im 13. Jahrhundert an, und insbesondere Albertus Magnus und Thomas von Aquin waren bemüht, sie mit dem Menschenbild des Evangeliums und der christlichen Überlieferung zu verbinden. Aber auch die neuzeitliche Anthropologie und die aus ihr hervorgehende Psychologie, Medizin und Pädagogik haben hier ihren Ausgangspunkt. In der Neuzeit, namentlich im 19. und 20. Jahrhundert, hat die Wissenschaft vom Menschen – die sich durchaus nicht immer ihrer aristotelischen Wurzeln bewusst ist – eine Gestalt angenommen, in der Geistig-Seelisches letztlich nur noch aus den Funktionen des leiblichen Organismus erklärt werden kann. Die Entwicklungsetappe des menschenkundlichen Aristotelismus, die in diesem Kapitel betrachtet wurde, verdeutlicht demgegenüber, dass in der aristotelischen Überlieferung ein anderes Menschenverständnis veranlagt war.

Sicherlich war es notwendig, dass sich im 19. und 20. Jahrhundert wissenschaftlich und praktisch ein menschenkundliches Extrem im Zusammenhang mit der gesamten naturwissenschaftlichen Entwicklung realisieren konnte. Anders wären die Höhe der technischen Zivilisation, aber auch soziale, wirtschaftliche und medizinische Fortschritte nicht denkbar gewesen. Nun stellt sich aber der Eindruck her, als sei diese Vereinseitigung der Entwicklung aus den wissenschaftlichen Wurzeln der westlichen Zivilisation heraus nicht nur notwendig, sondern als gebe es innerhalb dieser Tradition auch keine Alternative, an die angeknüpft werden könnte. Die Betrachtungen dieses Kapitels sollten demgegenüber zeigen, dass in derselben Tradition andere Entwicklungslinien angelegt sind, die allerdings unbeachtet blieben, nicht weiter verfolgt wurden oder in Vergessenheit gerieten. Die Alternative zur neuzeitlichen Wissenschaft vom Menschen muss weder außerwissenschaftlich ausgerichtet werden noch andere kulturelle und wissenschaftliche Ausgangspunkte suchen als die eigenen – oftmals nicht mehr bekannten – Grundlagen. Dabei dürfen die Attribute «christlich» oder «aristotelisch» ebenso wenig wie die Zuschreibung «geisteswissenschaftlich» weltanschaulich oder glaubensbezogen verstanden werden; vielmehr ist es möglich, sie als sachgerechte Orientierungspunkte rein wissenschaftlicher Art zu begreifen, mit weitreichenden Folgen für das Selbstverständnis des Menschen, für die medizinische und psychotherapeutische, aber auch für die allgemeine zwischenmenschliche Praxis.

III.
Michael und Christus

Man kann die bisher betrachteten Themen christlicher Überlieferung in zwei Bereiche zusammenfassen: auf der einen Seite Christus und die menschliche Selbsterkenntnis («einige zwar sahen ihn, wobei sie aber dachten, dass sie sich selbst gesehen hätten», siehe oben S. 37) und auf der anderen Seite Christus als der Weltenlogos und die menschliche Intellektualität (Unsterblichkeit allein der anima *intellectiva*). Das zweite Thema bildete den menschenkundlichen Schwerpunkt im christlichen Aristotelismus des Mittelalters, während der erste Themenbereich eher den ersten christlichen Jahrhunderten und der anschließenden Entwicklung bis ins 12. Jahrhundert hinein zuzuordnen ist. In beiden Fällen steht das menschliche Ich und seine Selbsterkenntnis im Mittelpunkt. Thomas von Aquin verband die menschliche Selbsterkenntnis im letzten Drittel des dreizehnten Jahrhunderts endgültig mit der menschlichen Erkenntnistätigkeit, mit der *anima intellectiva.* «Was vom menschlichen Geist zuerst erkannt wird, ist der Gegenstand; und an zweiter Stelle wird die Tätigkeit erkannt, durch die der Gegenstand erkannt wird; durch die Tätigkeit wird der Geist erkannt, dessen Vollkommenheit in diesem Denken besteht.»[80]

Menschliche Selbsterkenntnis kann sich nicht unmittelbar auf ihr Objekt, den Menschen selbst, richten. Der Mensch ist als unsterbliches Wesen Geist, in der Seele verkörperter Geist, *anima intellectiva.* Diese dokumentiert sich irdisch in der Weltzuwendung und in dem Nachdenken über die Welt. So gelangt der Mensch als geistiges Wesen zur Selbsterkenntnis, indem er die Dinge wahrnimmt, einschließlich seiner selbst und anderer Menschen. Durch Nachdenken stellt er seine Wahrnehmungen, Erlebnisse und Erfahrungen in einen Zusammenhang; darin ist er als geistiges Wesen tätig. Wenn er nun seine Aufmerksamkeit auf *diese* geistige Tätigkeit richtet, dann betreibt er Erkenntnis seiner selbst. Der Mensch erkennt sich demnach selbst, wenn er ein Bewusstsein seiner geistigen Tätigkeit auf Erden entwickelt, indem er sein Denken zum Gegenstand seiner Selbstwahrnehmung macht. In den Worten des Thomas: « ... so folgt, dass sich unser Geist in dem Maße selbst erkennt, in dem er durch die Begriffe, die er von den sinnlich wahrnehmbaren Dingen abstrahiert, tätig wird. ... unser Geist erkennt sich also nicht durch sein Wesen, sondern durch seine Tätigkeit. So nimmt Sokrates oder Platon wahr, dass er eine geistige Seele hat, indem er wahrnimmt, dass er denkt.»[81]

Dieser Begriff der Selbsterkenntnis bezieht sich auf den Menschen als unsterbliches geistiges Wesen, insofern er auf der Erde inkarniert ist. Irdisch ist dem Menschen von seiner unsterblichen Seele lediglich die Intellektualität im Denken zugänglich. Thomas hat in demselben Zusammenhang unmissverständlich beschrieben, dass eine rein geistige Selbsterkenntnis dem Menschen auf Erden verwehrt ist; nur ein nichtirdisches Geistwesen, beispielsweise der Engel, ist fähig, sich selbst unmittelbar *geistig* zu erkennen. Der Engel ist in der Lage, in der Selbsterkenntnis zu einem Eindruck seiner selbst zu gelangen, ohne sich selbst als denkendes, das heißt einen Zusammenhang bildendes Wesen zu erfahren. Auf der anderen Seite würde Thomas selbstverständlich zugeben, dass eine unmittelbare *seelische* Selbsterkenntnis für den irdischen Menschen durchaus möglich ist. Der Mensch kann über seine Seelenzustände reflektieren, die eigene Erlebnissituation, Erinnerungen, Erfahrungen etc. in sein Bewusstsein bringen. Allerdings gelangt er so lediglich zu einem Bewusstsein der Seele als vergänglichem Wesen. Zwischen beiden Polen, dem unmittelbar geistigen Zugang zu sich selbst, der dem Engel vorbehalten bleibt, und der rein seelischen Selbstreflexion, die den Menschen nicht als unvergänglich-geistiges Wesen zeigt, liegt die Selbsterkenntnis des menschlichen Ich, die die irdische und unvergänglich-kosmische Dimension verbindet.

Intellektualität und Christus-Logos

Mit der Selbsterkenntnis stellt sich für die christliche Menschenkunde das Problem der menschlichen Intellektualität. Sie droht einerseits in der Abstraktheit zu ersterben, andererseits verbindet sie die irdische und die unsterblich geistige Existenz des Menschen. Rudolf Steiner knüpft in seinen Michael-Briefen der Jahre 1924 und 1925 implizit an diese Themenstellung der christlich-aristotelischen Menschenkunde an. Für ihn ist die Intellektualität mit dem Wirken der für die Menschheitsentwicklung gegenwärtig entscheidenden geistigen Macht verbunden: mit Michael. Das Schicksal des Menschen entscheidet sich daran, wie er sich zu seiner eigenen Intellektualität stellen kann, wie er die eigene Intellektualitätsentwicklung individuell wie menschheitlich ins Bewusstsein aufzunehmen vermag. Denn die gegenwärtig schicksalsbestimmende Kraft heißt Michael, und Michael ist mit der menschlichen Intellektualität verbunden. In ihm kann sich die menschliche Intellektualität als die eigentliche Geist- und Christus-Beziehung des Menschen selbst wieder entdecken, «wenn der freigewordene Intellekt sich durch die Kraft des Michael-Vorbildes wiederfindet in der vom Menschen losgelösten, ihm gegenüber objektiv gewordenen ursprünglichen kosmischen Intellektualität, die im Quell des Menschen liegt und die in Christus innerhalb des Menschheitsbereiches wesenhaft erschienen ist, nachdem sie aus dem Menschen zur Entfaltung seiner Freiheit gewichen war.»[82]

Diese Aussage Rudolf Steiners vom Oktober 1924 ist außerordentlich komprimiert. Sie spricht auffälligerweise dasjenige im Menschen an, was sie zum Inhalt hat, den Intellekt. Die menschliche Intellektualität ist frei geworden, das heißt, der Mensch hat sich aus der ursprünglich allumfassenden kosmischen (lebendigen) Intellektualität herausgelöst, ist in ihr geistig individuell und frei, vom Kosmos unabhängig geworden. Dies war nur dadurch möglich, dass die Intellektualität ihre Lebendigkeit und ihre Wirklichkeit verlor. Der Mensch ist in ihr frei; aber jenseits des Lebendigen und abseits von der Wirklichkeit ist der Intellekt tot und irreal geworden. Dennoch ist er das Entwicklungsergebnis des geistigen Wesens des Menschen. Die Schicksalsfrage des zugleich geistigen und freien Menschen lässt sich in die Worte fassen: Wie kann die Intellektualität zu neuem Leben erwachen und realitätsfähig werden?

Die zitierte Stelle weist darauf hin, dass durch die Herauslösung der menschlichen Intellektualität aus dem Kosmos dieser für den Menschen verobjektiviert wurde. Der Mensch kann auf das sehen, worin er sich selbst nicht mehr befindet. Er kann die kosmische Intellektualität, aus der er stammt, die sein Ursprungsort, sein «Quell» ist, anschauen, wenn er sich Michael zum Vorbild nimmt und von ihm die Kraft erhält, den Kosmos selbst zum Erkenntnisgegenstand zu machen. Indem der Mensch den Blick in den – zunächst noch geistleeren – Kosmos wendet, begegnet er seinem eigenen Ursprung; und er kann bemerken, dass diese kosmische Intellektualität in Jesus Christus einmal wesenhaft auf der Erde verkörpert war, zu einem Zeitpunkt, da der Mensch selber schon die Einbindung in den intellektuellen Kosmos verloren hatte.

Christus «ist mit einer Intellektualität in die Welt hineingetreten, die ganz so ist, wie sie einst in dem Göttlich-Geistigen gelebt hat, da dies noch in seiner Wesenheit den Kosmos bildete».[83] Die Ursprungsintellektualität des Kosmos, der Logos, lebendig und Quellort aller Wirklichkeit, war in Christus anwesend. Mit ihr ist der Mensch heute lediglich in dem verbunden, was ihm als bloßer Intellekt geblieben ist. Der Michael-Weg zu Christus besteht darin, bei diesem bloßen Intellekt anzusetzen und zu bemerken, dass der Mensch in ihm noch wie an einem dünnen Faden mit der Logos-Wirklichkeit verbunden ist. «Denn Michael verstehen, heißt heute den Weg finden zu dem Logos, den Christus unter Menschen auf der Erde lebt.»[84] – Michael verstehen heißt, die Schicksalsbedeutung der menschlichen Intellektualität zu begreifen. Dann kann die Anwesenheit des göttlichen Logos unter den Menschen in Christus erfahren werden. Der Begriff Logos umfasst im Unterschied zu der gegenwärtigen Intellektualität nicht nur das tote Abbild, sondern auch die wirkende geistige Kraft. Der Weg von Michael zu Christus ist auch der Weg vom unlebendigen Erkenntnis-Abbild in Freiheit wieder hin zur geistigen Kraft – auch in denjenigen Kraftbereich, den die christliche Überlieferung als Lebens- und Heilungskraft beschreibt.

Christus und das geistige Wesen des Menschen

Michael erscheint nicht in der physischen Welt. Der Mensch kann seine Beziehung zu ihm als dem leitenden Geist der gegenwärtigen Epoche nicht in Erlebnissen der Erscheinungswelt suchen. Nur im Verhältnis zum eigenen geistigen Wesen begegnet der Mensch Michael: «Man wird stets, ob denkend oder wollend, durch ein Sich-Versetzen ins Geistige an Michael herankommen müssen.»[85] Insofern sind das eigene Leben und die Ereignisse der Welt nicht an sich «michaelisch»; die michaelische Dimension tritt erst ins Bewusstsein, wenn der Mensch zu sich selbst als geistigem Wesen in Verbindung tritt. Bewusstsein und Sein, Erkenntnis und Realität nehmen michaelisch einen neuen Zusammenhang an: Michaelisch real ist nur, was der Mensch denkend versteht, wofür er sich bewusstseinsfähig macht. So ist im Sinne der Michael-Briefe Rudolf Steiners ein Verständnis der Mission Michaels gleichbedeutend mit der inneren Verbindung, die der Mensch mit Michael eingeht. Letztere ist *allein* über ein solches Verstehen des michaelischen Zusammenhangs möglich.

Wie führt nun Michael zu Christus? «Michael wird die rechte Orientierung geben, wenn es sich um die Welt handelt, die den Menschen für sein Erkennen oder für sein Handeln umgibt. Zu Christus wird man im Innern den Weg finden müssen.»[86] Erst das Verständnis der Bedeutung Michaels für die gegenwärtige menschliche Entwicklung eröffnet einen Blick für das menschliche Innere. Selbsterkenntnis wird möglich, wenn die menschliche Entwicklungssituation im Hinblick auf Michael verstanden wird. Durch diese innere Ausrichtung qualifiziert sich gleichsam das eigene Seelenleben so, dass Selbsterkenntnis möglich wird. In diesem Erleben kann die Beziehung zu Christus «eine völlig konkrete, menschlich tief und klar zu erlebende werden. Dann aber strömt aus dem Zusammenleben mit Christus in die Menschenseele herüber, was diese wissen soll über ihre eigene übersinnliche Wesenheit.»[87] Kurz darauf heißt es: «Es wird das Leben dadurch durchchristet werden können, dass in Christus das Wesen empfunden wird, welches der Menschenseele die Anschauung ihrer eigenen Übersinnlichkeit gibt.»[88] Indem das Verhältnis Michaels zur eigenen Intellektualität als kosmisches Entwicklungsergebnis verstanden wird, zeigt sich durch Christus die Beziehung der eigenen Seele zum Geist. Christus ist heute dort anzutreffen, wo sich die menschliche Seele ihres geistigen Wesens bewusst wird: nicht anhand christlicher Tradition, auch nicht als anthroposophische Lehre oder religiöse Glaubensüberzeugung, sondern als ein wirkliches seelisches Erlebnis des menschlichen Ich. Rudolf Steiner spricht hier von einem «Erleben mit Christus», das darin besteht, dass ein «gnadeerfülltes Einfließen des Geistigen in die Menschenseele» empfunden werden kann.[89]

Mit diesen Formulierungen ist der geistesgeschichtliche Punkt erreicht, an dem nach 700 Jahren das menschenkundliche Bestreben des christlichen Aristotelismus eingelöst werden kann. Denker wie Thomas von Aquin oder Albertus Magnus wollten in ihrer Psychologie die Seelenlehre des Aristoteles – Unsterblichkeit allein des Intellektes, der Geistseele – mit der christlichen Überlieferung von der Möglichkeit einer unmittelbaren Christus-Beziehung – «Einige zwar sahen ihn, wobei sie aber dachten, dass sie sich selbst gesehen hätten» – verbinden. Dieses Bemühen konnte nur bis zu einem gewissen Punkt vorangetrieben werden; es stagnierte dort, wo es noch nicht gelingen konnte, den Freiheitsbegriff mit der Unwirklichkeit des Denkens zu verbinden und damit das Nadelöhr zu durchqueren, das in dem Gedanken besteht, die unsterbliche Substanz der menschlichen Seele, der menschliche Geist, müsse unwirklich und frei werden, damit er sich als wirkliche geistige Individualität neu begründen und von einem göttlichen in ein selbstverantwortetes Sein übergehen kann. Rudolf Steiner formuliert im Frühjahr 1925 die erschütternden Sätze: «Im Wachzustande muss der Mensch, um *sich* im vollen, freien Selbstbewusstsein zu erleben, auf das Erleben der wahren Gestalt der Wirklichkeit im eigenen und im Naturdasein verzichten. Er erhebt sich aus dem Meere dieser Wirklichkeit, um in den Gedankenschatten das *eigene Ich* zum wirklich *eigenen* Erleben zu machen.»[90]

Die michaelische Entwicklung hat den Menschen in die Freiheit, damit aber notwendigerweise auch in die Unwirklichkeit des eigenen Denkbewusstseins geführt. Die neue Existenz des Menschen ist frei, aber unwirklich – genau diesen Zusammenhang konnte die aristotelische Psychologie des Mittelalters noch nicht erfassen. Dass die denkende Geistseele durch sich selbst zu Christus finden könne, stellte für die christlich-aristotelische Psychologie eine zunächst unüberwindbare Grenze dar. Denn je mehr dieses Denkbewusstsein im Sinne der *anima intellectiva* zu sich selbst kam, desto mehr musste es sich als außerhalb jeder Wirklichkeit stehend erleben und schmerzlich empfinden, dass es durch sich selbst keinen Zugang mehr zu Christus finden konnte. Man kann davon ausgehen, dass die christlich-theologische Umgebung eines Thomas von Aquin oder eines Albertus Magnus instinktiv diesen Widerspruch empfunden hat und dass das letztlich der Grund war, warum sich gegen die Verchristlichung des Aristotelismus oder die «Aristotelisierung» der älteren christlichen Psychologie von Anfang an innerer und auch äußerer Widerstand erhob. Rudolf Steiner entwickelte nun am Ende seines Lebens eine Lösung, die aus dem Fortschritt der geistigen Menschheitsevolution heraus gleichsam mit einer Verzögerung von 700 Jahren zugänglich wurde.

Diese Lösung ist in den «Michael-Briefen», dem letzten schriftlichen Werk Rudolf Steiners, niedergelegt, aber bisher weder theologisch noch geisteswissenschaftlich zureichend gewürdigt worden. Sie lautet: Durch Michael ist der Mensch zur freien Gedankenbetätigung befähigt worden. Er baut in der Imagination Gedankenzusammenhänge auf, bei denen von vornherein nicht zu entscheiden ist, ob sie Wirkliches oder

Illusionäres enthalten. Ähnlich wie für das Traumbewusstsein zeigt sich für die Imagination erst nach dem Aufwachen, dem Übergang in ein inspiratives Bewusstsein, ob der zuvor entwickelte imaginative Inhalt realitätsfähig ist. Aber nicht nur in der neuen Denkfähigkeit hat der Mensch die Schwelle zur geistigen Unwirklichkeit überschritten, sondern auch in seiner gesamten Existenz. Als freies Wesen hat er sich von der Wirklichkeit seiner eigenen Entwicklungsvergangenheit so weit abgelöst, dass diese ihn nicht mehr in der Realität hält. Er droht gleichsam in der freien Unwirklichkeit als Wesen zu verwehen. In diesen entwicklungsgeschichtlichen – und durchaus auch individuell-biografischen – Moment tritt nun Christus ein mit der Fähigkeit, die gedanklich-imaginative und die seinsbezogene Unwirklichkeit des Menschen in neue Wirklichkeit zu verwandeln.

«Der Mensch wird dadurch frei, dass er mit seiner Bewusstseinsseele aus dem Sein sich erhebt und in dem *nicht-seienden* Bildwesen auftaucht. Da entsteht die bedeutsame Frage: Verliert denn der Mensch das Sein nicht, indem er es mit einem Teil seines Wesens verlässt und sich in das Nicht-sein stürzt? Hier ist wieder einer der Punkte, wo man mit der Betrachtung der Welt vor einem großen Rätsel steht. Was im Bewusstsein als Vorstellen erlebt wird, ist aus dem Kosmos heraus entstanden. Dem Kosmos gegenüber stürzt sich der Mensch in das Nicht-Sein. Er *befreit* sich im Vorstellen von allen Kräften des Kosmos. Er malt den Kosmos, außerhalb dessen er ist. Wäre es *nur* so, so leuchtete im Menschenwesen für einen kosmischen Augenblick die Freiheit auf; aber in demselben Augenblick löste sich auch die Menschenwesenheit auf. – … Es ist in der Menschen-Entwickelung hier auf den Abgrund des Nichts gedeutet, über den der Mensch springt, indem er eine freies Wesen wird. Michaels Wirken und der Christus-Impuls machen den Sprung möglich.»[91]

Michael führt den Menschen in die Freiheit. Freiheit ist nur möglich im nicht-wirklichen intellektuellen Bewusstsein, denn frei ist der Mensch nur im Schein, im Abbild, nicht im Sein. Diese Anschauung führt die aristotelische Überlieferung von der *anima intellectiva* an eine menschenkundliche Grenze. Ein weiteres Verständnis der *Wirklichkeit* menschlicher Wesenheit ist nur möglich, wenn das Christus-Wirken mitberücksichtigt wird. Christus erscheint hier als Perspektive der Menschenkunde, nicht in der Überlieferung christlicher Religionen. Christus rettet den freien Menschen für die Wirklichkeit, indem er das freigewordene imaginative Bewusstsein wirklichkeitsfähig macht. Die Imagination prägt sich dem Kosmos ein – ein großes Geheimnis, wie ein potenziell unwirklicher Gedanke oder ein unwirkliches Bild des menschlichen Bewusstseins zu kosmischer Wirklichkeit werden kann!

Das menschliche Bewusstsein, das zur Imagination gesteigerte Denken, wird kosmisch real; seine Wirkungen prägen sich dem Kosmos ein, unter Umständen leidet der Kosmos unter ihnen. Hier tritt Christus für die Konsequenzen des menschlichen Denkwillens ein – für *alle* Konsequenzen: Was der Mensch im freien Bewusstsein entwickelt, hat Rückwirkungen auf die weitere kosmische Entwicklung. Damit wird das unwirkliche, freie Bewusstsein *in seinen Wirkungen* real. Diese Wirklichkeit ist dem Menschen zunächst unbewusst.

Ebenso unbewusst ist ihm ein weiteres Existenzelement, durch das er durch Christus mit der Wirklichkeit verbunden bleibt: die eigene Entwicklungsvergangenheit, die ihn über seine früheren Inkarnationen kosmisch mit einer Zeit verbindet, in der die individuelle Existenz noch nicht frei, damit aber auch noch nicht unwirklich geworden war. «Aber, indem im Vorstellen der Mensch frei wird vom Kosmos, ist er doch in seinem nicht-bewussten Seelenleben an seine vorigen Erdenleben und Leben zwischen Tod und neuer Geburt angegliedert.

Er ist als bewusster Mensch im Bild-Sein, und er hält sich mit seinem Unterbewussten in der geistigen Realität. Während er im *gegenwärtigen* Ich die Freiheit erlebt, hält ihn sein *vergangenes* Ich in dem Sein.»[92]

So steht Christus in zweifacher Hinsicht an der Schwelle zwischen Freiheit und Wirklichkeit. Zum einen im Hinblick auf die eigene individuelle Vergangenheit: Christus hält die Verbindung zu einem Entwicklungszeitraum irdischer Inkarnationen und nachtodlicher Existenzsphären, die dem frei gewordenen intellektuellen Bewusstsein der Gegenwart zunächst nicht mehr zugänglich sind. Zum anderen stellt Christus die Verbindung in die Zukunft her, die sich ebenfalls dem intellektuellen Bewusstsein entzieht. In seiner Vergangenheitsbeziehung verbindet Christus für den Menschen unfreie Existenzwirklichkeit mit unwirklicher Freiheit, für die Zukunft verbindet er nicht-wirkliche Ursachen (im gesteigerten intellektuellen Denken) mit deren kosmisch realen Wirkungen. Was Christus in dieser zweifachen, Zusammenhang herstellenden Tätigkeit für den Menschen zu vollbringen und auch zu erleiden hat, hängt davon ab, was der Mensch als verbindendes Glied zwischen Vergangenheit und Zukunft in seiner eigenen Gegenwart als Ich-Bewusstsein und entsprechende Verhaltensweisen realisiert.

Die menschenkundlichen und christologischen Folgen einer solchen Anschauung sind unabsehbar. Es können hier nur die Grundrichtungen angedeutet werden. Einerseits trägt Christus die Verbindung des Menschen zu seiner Entwicklungsvergangenheit, bis der Mensch fähig wird, bewusst seine eigenen Entwicklungsbezüge zu erkennen und in die Lebensgestaltung einzubeziehen. Andererseits bleibt Christus für die Folgen des freien Bewusstseins so lange verantwortlich, bis der Mensch in der Lage ist, Verantwortung als Bewusstsein für die Folgen des eigenen Denkens zu begreifen, diese Folgen zu antizipieren und damit das eigene Denken zu modifizieren. In diesem Sinne ist eine doppelte Entwicklungsverantwortung des Christus für den Menschen und des Menschen für Christus gegeben. Was Christus in beiden Richtungen hält, bindet ihn auch; was der Mensch in beiden Richtungen in eigener Verantwortung übernimmt, erlöst Christus aus den Verpflichtungen, mit denen er die letzte Konsequenz seiner Menschwerdung, seiner Identifikation mit dem menschlichen Schicksal gezogen hat.

Der Organismus als Ich-Leib

Michael als die entscheidende schicksalsbestimmende geistige Kraft ist mit der geistigen Individualität des Menschen verbunden; diese äußert sich zunächst in der abstrakten, wirklichkeitsfernen Intellektualität. Aber Michael wirkt, beim zunächst abstrakten Geist beginnend, auch in die Seele und schließlich in den Leib des Menschen hinein. Seelische und leibliche Gesundheit und Krankheit, Schicksalssituationen und organische Zustände sind unmittelbar auf die Michael-Kraft zurückzuführen. In einem Vortrag vom Sommer 1924 macht Rudolf Steiner sogar deutlich, dass die schicksalsbestimmende Wirkung Michaels sich in Gesundheit und Krankheit stärker ausformt, als dies bei früheren Erzengel-Führungen der Fall war.[93]

Eine entscheidende Frage ist, ob diese weitreichende Bedeutung der Stellung zu Michaels Wirken schon umfassend ernst genommen wurde. In letzter Konsequenz würde diese Anschauung nämlich bedeuten, dass in der Gegenwart seelische Krisen sich nicht nur aus der biografischen Dynamik, bestimmten Erlebnissen und Lebenszusammenhängen ergeben, dass sogar organische Erkrankungen weder allein leiblich noch psychosomatisch erklärt und therapiert werden können. Die eigentliche Ursächlichkeit wäre vielmehr darin zu suchen, inwiefern seelische und leibliche Dispositionen durch die geistige Individualität des Menschen – beginnend mit der Intellektualität und sich fortsetzend im Verhältnis zu ihr – so verstärkt werden, dass sie sich zu Krankheitszuständen ausweiten. Mit anderen Worten: Die Beziehung zum Geist wirkt seelisch wie leiblich qualifizierend, greift bestimmte Entwicklungsdispositionen auf oder nivelliert sie. Nicht mein organischer Zustand macht mich krank, auch nicht eine ihm inneliegende Entwicklungsdynamik; nicht meine seelische Lage oder biografische Voraussetzungen führen zu Schicksalsproblemen; sondern wie die leibliche und seelische Ausgangslage wirken, hängt davon ab, wie sich mein michaelisches Lebensverhältnis ausbildet. Welche Beziehung kann ich zu demjenigen Geist gewinnen, der letztlich lebensbestimmend ist? Hier zeigt sich die neutestamentliche Aussage, es könnten alle Sünden vergeben werden, nur nicht die gegen den Heiligen Geist (Matthäus 12,31), in einem neuen Licht.

Dieser «Heilige Geist» der älteren Überlieferung bezeichnet den Geist, den der Mensch durch das intellektuelle Denken sich allmählich selbst erschließen kann, für den er verantwortlich ist. «Sünden» gegen den Heiligen Geist können deshalb nicht vergeben werden, weil der Mensch hier in den Konsequenzen seiner eigenen Verantwortlichkeit existiert.[94] Es handelt sich um den Bereich geistiger Freiheit, die allerdings nicht in geistiger Beliebigkeit verbleibt, sondern seelisch und organisch real wird. Christus als der «Heiland» der älteren Überlieferung, als der Heilende für seelische wie körperliche Krankheiten, schließt an die michaelische Wirkungsweise an, um die Freiheit des Menschen nicht zu gefährden. Hier kommt es zu einem Zusammenklang von Michael- und Christus-Wirksamkeit. Die neuen Heilungswunder bestehen darin, dass der Heilungsprozess an der geistigen Individualität des Menschen ansetzen kann. Dies ist aber nur möglich, wenn die letzte Ursächlichkeit für Erkrankungen in dem Verhältnis des Menschen zum Geist, also zu Michael bzw. zur Intellektualität – als Anfangspunkt geistiger Individualität – gesehen wird.

Der Aspekt des Johannes-Evangeliums[95]

Im 14. Kapitel des Johannes-Evangeliums findet sich die Aussage des Christus: «Glaubst du nicht, dass ich im Vater bin und der Vater in mir ist?» (Vers 10), und etwas später (Vers 11): «Glaubet mir, dass ich im Vater bin und der Vater in mir ist.» Dann folgt eine längere Passage, die noch zu betrachten sein wird, bis zu den Worten (Vers 20): «An jenem Tage werdet ihr erkennen, dass ich in meinem Vater bin und ihr in mir und ich in euch.» Oben war also vom Glauben des Seins im Vater und des Vaters im Ich die Rede, nun ist vom Erkennen die Rede. Im ursprünglichen griechischen Text lautet der Begriff, der im Deutschen mit «Ihr werdet erkennen» übersetzt wird, *gnoseste* – es ist derselbe Wortstamm, auf den auch *gnosis* zurückgeht. Was liegt zwischen dem Glauben und dem Erkennen, wie wird der Übergang zwischen beiden möglich?

Die Worte des Christus, wie sie in den dazwischenliegenden Versen (16–19) wiedergegeben sind, lauten: «Und ich werde den Vater bitten, und er wird euch einen anderen Helfer geben, damit er in Ewigkeit bei euch bleibe, den Geist der Wahrheit, den die Welt nicht empfangen kann, weil sie ihn nicht sieht und nicht kennt. Ihr kennt ihn, weil er bei euch bleibt und in euch ist. … Noch eine kleine Weile und die Welt sieht mich nicht mehr. Ihr aber seht mich, weil ich lebe und ihr leben werdet.» Dann schließt an: «An jenem Tage werdet ihr erkennen, dass ich in meinem Vater bin und ihr in mir und ich in euch.» Die Vermittlung besteht also in dem Geist der Wahrheit; er bewirkt, dass das Sein des Sohnes im Vater auf die Ebene der Erkenntnis gehoben werden kann. Und noch mehr: Gegenstand dieser Erkenntnis ist auch, dass die Jünger (Menschen) in Christus sind und Christus in ihnen ist.

Durch den Geist der Wahrheit wird Christus sichtbar, *dass* oder *weil* er lebt und die mit ihm verbundenen Menschen leben werden. Dem griechischen Urtext nach sind beide Übersetzungen möglich. Christus lebt in den Menschen und diese in ihm wie das Ich in den Organen und die Organe – nachtodlich, das heißt nach ihrer Auflösung – im Ich. Denn durch Ich-Tätigkeit werden vorgeburtlich jedes Organ und der Zusammenhang des Organismus gebildet und zu neuer Erdenexistenz aufgerufen. Das Organ, das sich ebenso wie der Organismus auflöst, aber nicht vergeht, lebt als Entwicklungsfähigkeit – potenzial – und als Entwicklungsgrundlage des Ich weiter. Das nachfolgende 15. Kapitel belegt diesen organischen Zusammenhang noch mit einer weiteren Wendung (Vers 5): «Ich bin der Weinstock, ihr seid die Reben. Wer in mir bleibt und ich in ihm, der bringt viel Frucht.»

Im *Heilpädagogischen Kurs* betrachtet Rudolf Steiner psychiatrische und heilpädagogische Erkrankungen als Störungen in einzelnen Organen und deren Zusammenhang. Eine zu große Dichte des Organismus hält Astralleib und Ich in den Organen fest; sie können nicht hinaus in die Welt, sind im Leib wie gefangen, und es bilden sich Krankheiten aus, die Rudolf Steiner unter dem Begriff *Epilepsie* zusammenfasst. Im anderen Fall treten Astralleib und Ich zu leicht aus dem Organismus heraus;

der betreffende Mensch lebt gleichsam nicht in sich selbst, sondern zu intensiv in der Welt; Krankheitsformen dieser Art werden im *Heilpädagogischen Kurs* als *Hysterie* zusammengefasst.

Insgesamt deutet sich hier ein Verständnis der Beziehung von Ich-Entwicklung und Organ-Entwicklung an; denn die Organschädigungen rühren her von einer unzureichenden Ich-Tätigkeit, vor allem mangelnder Erkenntnisfähigkeit, beim vorgeburtlichen Aufbau des Organismus. Die Schicksalsverbindung von Ich-Entwicklung und organischer Gesundheit beziehungsweise Krankheit wird im *Heilpädagogischen Kurs* menschenkundlich, pädagogisch und therapeutisch entwickelt. Interessant ist dabei für den hier besprochenen Zusammenhang, dass Rudolf Steiner den angehenden Pädagogen und Therapeuten eine bestimmte Meditation zum Verständnis dieser Schicksalsbeziehung empfiehlt.

Es handelt sich dabei um die berühmte Punkt-Umkreis-Meditation: Ich bin in Gott, Gott ist in mir. «Die Menschen können im Allgemeinen auf dem Gebiet der Pädagogik nichts erreichen, weil sie nicht ernsthaftig jemals eine Wahrheit in sich rege gemacht haben. Die besteht darin, dass sie sich am Abend einleben in das Bewusstsein: In mir ist Gott, oder der Gottesgeist, oder was immer – aber dieses sich nicht bloß theoretisch vorschwätzen, die Meditationen der meisten Menschen bestehen darin, dass sie sich etwas theoretisch vorschwätzen –, und am Morgen so, dass das hineinstrahlt in den ganzen Tag: Ich bin in Gott.»[96]

Ein Organ ist insofern krank, als es für das Ich keine angemessene Entwicklungsgrundlage bildet beziehungsweise vom Ich nicht angemessen ausgebildet oder belebt wird. Auch hier zeigt sich ein Verhältnis des Organs zum Ich und des Ich zum Organ. Denn das Organ geht sowohl aus den Möglichkeiten des Ich hervor, als es auch dieses selbst begründet.

Ein Organ kann aus dem Entwicklungszusammenhang des Ich herausfallen, das Ich kann sich außerhalb des Entwicklungszusammenhangs des Organismus stellen. Organismus und Ich sind entweder gegeneinander isoliert oder zu stark integriert. Im ersten Fall bleibt das Ich außerhalb des von ihm «falsch» geschaffenen Organismus, im zweiten Fall kann es sich nicht außerhalb des Organismus entfalten, weil es zu stark in ihm steckt. Das eine Mal verliert das Ich seinen Organismus, das andere Mal die Welt, in die es nicht hineinkommt. So lautet letztlich der Krankheitsbegriff des *Heilpädagogischen Kurses.* In beiden Existenzformen wird ein für die Entwicklung notwendiger Zusammenhang in Frage gestellt. Im Extrem bedeuten die beiden Entwicklungsrichtungen, dass entweder ein Organismus oder eine Welt ohne Ich existieren müssen.

Der Gedanke liegt nun nahe, dass sowohl der individuelle Organismus als auch die Welt ein Vakuum bilden können, das von ich-fremder oder ich-ferner geistiger Wirklichkeit ausgefüllt werden kann. Dann wäre die Krankheit ein Problem der Entwicklungsverbindung von Ich und Organismus und, insofern damit auch eine unmittelbare Erlebniswirklichkeit gegeben ist, auch des astralischen Leibes. Die hier skizzierte christologische Perspektive kann auch anfänglich verständlich machen, inwiefern Christus als der Heiler der Kranken den menschlichen Leib erneuert und zu einem Auferstehungsleib umwandelt; davon sprechen sowohl das Neue Testament als auch die Geisteswissenschaft, Rudolf Steiner beispielsweise in den Vorträgen *Von Jesus zu Christus* (1911).[97] Die Rettung des Leibes, also des Organismus, besteht darin, dass der Entwicklungszusammenhang zwischen dem Ich und den Organen wieder hergestellt und damit die «Sünde», das heißt die Abtrennung des Ich von der Welt oder von seinem Organismus, überwunden wird.

Damit wird menschenkundlich die Leib-Seele-Trennung aufgehoben in einer wirklich einheitlichen Perspektive. Dennoch kommt es zu einer begrifflich erreichbaren – nicht nur beschreibenden, sondern begriffsrealistischen – Differenzierung von Leib und Seele im Organverständnis. Außerdem zeigt sich der Beginn einer Einlösung des psychiatrischen und psychotherapeutischen Grundpostulats Rudolf Steiners: den Berührungspunkt von Leib und Seele wirklich zu erkennen. Besonders eindrücklich ist diese Forderung in den beiden Psychoanalyse-Vorträgen vom November 1917[98] und im «Votum zur Psychiatrie» vom 20. März 1920[99] aufgestellt, auch im Hinblick auf die Entwicklungstendenzen von Medizin, Psychiatrie und Psychoanalyse im 20. Jahrhundert. Schließlich wird in den dargestellten Ansatz auch der Entwicklungshorizont und damit die individuelle Perspektive einbezogen, das heißt, das Verhältnis von Ich und Organzusammenhang realisiert sich als das eigentlich karma-bestimmende Reinkarnationsgeschehen.

Eine Konkretisierung im Hinblick auf einzelne Organe und deren Erkrankung erscheint möglich, allerdings nur unter der Voraussetzung, dass gewisse organologische Denkgewohnheiten geisteswissenschaftlich korrigiert werden. Letztlich läuft diese Korrektur darauf hinaus, die Beziehung des Ich zu seinem Organismus neu zu denken und sich zu verdeutlichen, dass das Ich nicht durch Hilfsmittel – etwa «motorische Nerven» –, sondern direkt *magisch* im Organzusammenhang wirkt. Ein Durchbruch zu einer solchen Betrachtungsweise wird leicht möglich, wenn neben dem Verzicht auf die Vorstellung von «motorischen Nerven» auch der Begriff des Herzens neu gefasst wird. Alle Nerven sind sensorisch, das heißt, die so genannten motorischen Nerven führen nicht zur Muskelbewegung, sondern sie übermitteln den jeweiligen Bewegungszustand des betreffenden Organs. Das Herz erscheint dann in dieser geisteswissenschaftlichen Perspektive nicht als Motor des Blutkreislaufs, sondern als Ausdrucksgestalt des Gesamtorganismus, der sein Bild in dem das Herz bewegenden Blut erhält.[100] Genau in diesem Sinne kann das Herz als leibliches Bild des Ich auf der Stufe der Organentwicklung gelten. So erhält der alte Begriff des Herzens in seiner organisch-moralischen, empfindungsbezogenen Mehrfachbedeutung eine neue Berechtigung.

Eine Differenzierung einzelner Organe ergibt sich aus deren Verhältnis zur elementarischen Welt: Erde, Wasser, Luft und Wärme beziehungsweise Feuer. Die Leber etwa hat ein grundsätzlich anderes Verhältnis zu Luft und Wärme als die Lunge. Was sich in der irdischen Existenz eines Menschen in den Feuchtigkeits- und Wärmeprozessen der Organe, in ihrer Strömungs- und Mineralisierungstendenz als direkte Elementarbeziehung zeigt, ist vorgeburtlich beim Aufbau des Organismus seelische Wirklichkeit. Wärme und Kälte, Wasser und Erde sind eben nicht nur äußere Elementarrealität, sondern auch innere seelische Erlebnissubstanzen; das zeigt sich sofort, wenn man statt der Substantive Adjektive wählt und von warm und kalt, hart und weich und so weiter spricht. – Insgesamt ergibt sich als Horizont eine Leib und Seele verbindende Betrachtung, die zu einer Wissenschaft des ganzen Menschen sich entwickeln könnte. Das Gegenteil wäre entweder eine in die Vereinzelung reißende oder in falscher Weise die Differenzierung auflösende Perspektive.

Therapeutisch und pädagogisch führt die Anschauung vom Zusammenhang des Ich mit seinem Organismus zur konkreten Füllung der Einsicht, dass keine moralische Erziehung ohne leibliche Konsequenz, aber auch keine leibliche Einflussnahme ohne moralische Folgen denkbar ist. Dieser Gesamtzusammenhang wird nur in Frage gestellt oder problematisch aufgefasst, wenn das Organ «ich-frei» vorgestellt wird. Auch die Seele wird dabei letztlich «ich-frei» erlebt, und meist vergisst das Ich dabei sogar, dass es selbst einen scheinbar objektiven Zusammenhang von Organ und seelischem Erleben beobachtet.

Umgekehrt gelangt man zu einer äußerst problematischen Menschenkunde und auch pädagogischen oder therapeutischen Praxis, wenn man davon ausgeht, dass allein seelisches Befinden auf die Organe zurückwirkt. Auch hier droht die Gefahr, in eine falsche Objektivität zu geraten, indem vergessen wird, dass eine solche psychosomatische Verbindung beim Menschen nur in der Ich-Perspektive geklärt werden kann. Die Ich-Perspektive wird aber erst möglich, wenn außer einem leiblich-seelischen Erlebniszustand und Krankheitsbild wirkliche Ich-Entwicklung vor Augen tritt, die sich in seelischen Erlebnissituationen und organischen Wirklichkeiten vollzieht, aber auch selbst zum Ausdruck bringt.

Insgesamt ist damit die konsequente Individualisierung jeder Erziehungs- und Therapiesituation angesprochen. Krankheitsbilder und seelisch-biografische Zustände lassen sich nicht länger typisieren, Prognosen sind immer weniger generell, sondern eigentlich nur individuell möglich.

Der «Kreis» der Punkt-Umkreis-Meditation des *Heilpädagogischen Kurses* schließt sich, sobald man sich klar macht, dass die seelische Situation eines Menschen zwar organisch bedingt ist, aber der Zustand des Organischen wiederum nur als Ich-bedingt gesehen werden kann. Der «Punkt» wäre jetzt in einer therapeutischen und pädagogischen Betrachtung, die in dem hier gemeinten Sinne geisteswissenschaftlich so fundiert sein will, dass ich bemerke: Ich selbst betrachte diesen Zusammenhang. Die seelische Erlebnis- oder Krankheitssituation, leibliches Wohlbefinden oder auch Krankheit gehen aus dem Entwicklungszusammenhang von Ich und Organ hervor, und sie wirken auf diesen Entwicklungszusammenhang wieder zurück; das Ich steckt unbewusst als Entwicklungs- oder Krankheitskraft im Organischen. Bewusst schalte ich das Ich in diesen Zusammenhang heilend oder erziehend ein, indem ich den konkreten Entwicklungsstand jetzt bemerke – und sei es an einem seelischen oder leiblichen Krankheitssymptom. Falls ich es aber momentan nicht selbst sein kann, der sich als «Punkt» dem «Kreis» des eigenen Entwicklungszusammenhanges gegenüberstellt, ist vorübergehend pädagogische oder therapeutische Unterstützung notwendig, um das menschlich angemessene Punkt-Umkreis-Verhältnis wieder herzustellen.

Leibbildung und Bewusstsein

Thomas von Aquin macht in seiner *Summe der Theologie*, aber auch an vielen anderen Stellen wiederholt deutlich, dass das Denken des Menschen nicht als Akt eines Organs (etwa des Gehirns), sondern als Kraft der Seele aufzufassen sei.[101] Dennoch ist die Beziehung des Denkens zum Organ offenkundig, wenn auch in anderer Weise als bei der Sinneswahrnehmung. In direktem Anschluss an das Seelenverständnis des Aristoteles haben Thomas und andere immer wieder darauf hingewiesen, dass eine Verletzung des Denkorgans das Denken selbst, wie es dem Bewusstsein zugänglich ist, beeinträchtigen kann; andererseits schädigt intensive Denktätigkeit das Gehirn nicht, während starke Sinneseinwirkungen das Organ der Sinneswahrnehmung beeinträchtigen – man denke beispielsweise an die Wirkung von grellstem Licht auf das Auge. Letztlich wird hier die Beziehung der Seele und insbesondere des Denkens zum Leib Hauptgegenstand der psychologischen Untersuchung. Naturgemäß konnte das Problem im älteren Aristotelismus nur einer vorläufigen Lösung zugeführt werden. Die Grenze, an der in der vorchristlichen und mittelalterlichen Tradition haltgemacht werden musste, kann aus heutiger geisteswissenschaftlicher Sicht sogar als anthropologisch eng erscheinen. Dennoch muss man feststellen, dass damit ein menschenkundliches Wahrheitsproblem formuliert war, das bis in die Psychologie des 19. und 20. Jahrhunderts hinein nicht gelöst werden konnte, gleichsam eine liegengebliebene Entwicklungsaufgabe der aristotelischen Psychologie.

Rudolf Steiner hat in den verschiedensten Zusammenhängen diesen Berührungspunkt von Seele und Leib als entscheidenden Ansatz einer geisteswissenschaftlichen Psychologie, Psychiatrie, Psychotherapie und Heilpädagogik bezeichnet. Stellvertretend wären hier wieder das «Votum zur Psychiatrie», der *Heilpädagogische Kurs* und die Psychoanalyse-Vorträge zu nennen. Diese und viele andere Beiträge machen Rudolf Steiners Urteil einsichtig, in allen anthropologischen und psychologischen Theorien sei die Beziehung zwischen dem Physischen und dem Psychischen im Menschen nicht adäquat erfasst und aus diesen Betrachtungsarten heraus auch nicht beschreibbar. Der Organismus-Begriff des *Heilpädagogischen Kurses* bringt den entscheidenden Durchbruch, durchaus auch in der geistesgeschichtlichen Entwicklung aristotelischer Psychologie, bis hinein in die schwierigsten Fragen therapeutischer Praxis: Das Denken als Tätigkeit des Ich bringt den

Organismuszusammenhang vorgeburtlich hervor und erhält ihn als Wachstums- und Ernährungskraft während des Erdenlebens.

Dieser Erkenntnisfortschritt ist unter anderem dadurch möglich geworden, dass in der Geisteswissenschaft Rudolf Steiners im Unterschied zum älteren Aristotelismus der noch unklare Seelenbegriff durch ein dezidiertes Ich-Verständnis genauer konturiert werden konnte. Der neue Ich-Begriff hat zur Folge, dass die Beziehung der Seele zum Leib nicht mehr als vom gespiegelten Bewusstsein ausgehend betrachtet werden muss. Vielmehr stellt sich das Ich nun als geistige Kraft dar, die für das seelische Bewusstsein zunächst wenig erfassbar ist. Um die Beziehung der Seele zum Leib zu klären, muss daher nach dem Ich als tätigem Geist gefragt und Bewusstseinsfähigkeit für diese Ich-Ebene hergestellt werden. Dann wird nachvollziehbar, dass das Ich des Menschen nicht im *Leib* verkörpert ist, sondern dass es sich durch den Organismus und die einzelnen Organe hindurch in der *Welt* inkarniert. Im Sinne des *Heilpädagogischen Kurses* gibt es dabei die bereits genannten zwei Hinderungsgründe als Krankheitsursachen: Entweder sind einzelne Organe oder der Organismus insgesamt zu sehr verhärtet, dann bleibt das Ich gleichsam in ihnen stecken, kann nicht durch sie hindurch in die Welt gelangen (Epilepsie); oder die Grenzen des Organismus sind zu sehr durchlässig, dann kann der betreffende Mensch gleichsam nicht in sich selbst bleiben, sondern er erlebt die Welt zu intensiv (Hysterie).

Der geisteswissenschaftliche Schritt über die zeitgenössische Psychologie und Psychiatrie hinaus liegt in dem Hinweis auf die zentrale Bedeutung der spiegelnden Ich-Tätigkeit (Organaufbau und -erhaltung) und damit auf die wirkliche Überwindung des gespiegelten (seelischen) Bewusstseins mit seiner Erweiterung zum wirklich Unterbewussten oder Unbewussten, darüber hinaus ein Hinweis auf die Möglichkeit, dieses tätige

Ich nicht nur irdisch, sondern gerade in seiner nachtodlichen beziehungsweise vorgeburtlichen Existenz zu betrachten und den Leibaufbau aus dieser Perspektive zu verstehen. Damit wird das alte Vermächtnis eingelöst, das Aristoteles in seinem Werk *Über die Seele* als Entwicklungsaufgabe einer zukünftigen Psychologie gestellt hatte: zu erforschen, inwiefern der Geist des Menschen als seelische Kraft von «außen», also von seinem kosmisch-außerirdischen Ursprung her, wirken kann. Genau diese Perspektive kann detailliert menschenkundliche und auch therapeutische Konsequenzen anregen.

Die Kraft, durch die die Seele denkt, baut vorgeburtlich den Organismus auf und lässt ihn während des Erdenlebens wachsen und sich ernähren. In einem Mitgliederbrief vom Januar 1925 («Schlaf und Wachen», GA 26) spricht Rudolf Steiner diese kosmische Kraft direkt an: Durch sie hat der Mensch Anteil an der Herrlichkeit des Kosmos. Ihre Betätigung kann als die eigentliche Ich-Tätigkeit gelten, diese wirkt zunächst unbewusst im Aufbau des Organismus, kann aber bewusst werden, wenn das Ich nicht bei dem gespiegelten Bewusstsein stehen bleibt, sondern sich die organbildende Kraft vergegenwärtigt.

Im Vortrag «Die Hygiene als soziale Frage» (GA 314) hatte Rudolf Steiner bereits im Jahre 1920 darauf hingewiesen, dass die eigentliche Ich-Kraft weder in der Biografie noch im Bewusstsein erscheint. Sie ist vielmehr während des Erdenlebens vollständig an die Leibbildung hingegeben und zeigt sich – fast paradoxerweise – nur im traumlosen Schlaf. Denn das «Bewusstsein» des traumlosen Schlafes entspricht dem tätigen (spiegelnden) Ich-Bewusstsein, das den Leib erbaut. Die drastische Konsequenz aus dieser Aussage lautet, dass weder die seelische Erlebnissituation noch die zunächst greifbare Schicksalsentwicklung, noch die Reflexion über beides direkt einen Aufschluss über die geistige Ich-Seite geben können. Notwendig wäre zunächst, durch geistige Tätigkeit und geistiges Interesse einen Zugang zur Geist-Dimension des eigenen Ich zu gewinnen; erst aus dieser Perspektive ergibt sich ein Standpunkt, der auch die biografische Situation und das Lebensgefühl geistig ich-bezogen verstehen lernt.

Um die Beziehung der Seele zum Leib zu klären, muss nach dem Ich als tätigem Geist gefragt und Bewusstseinsfähigkeit für diese Ich-Ebene hergestellt werden. Dann wird nachvollziehbar, dass das Ich des Menschen nicht im Leib verkörpert ist, sondern dass es sich durch den Organismus und die einzelnen Organe hindurch in der Welt inkarniert. So erhält der Begriff «leibfrei» im Hinblick auf das Denken und auf geistige Tätigkeit eine neue Dimension. Denn in dieser Ich-Perspektive hat auch das leibfreie geistige Bewusstsein eine Beziehung auf den Leib – es wirkt organismusbildend. «Leibfrei» würde dann bedeuten, dass es sich dabei nicht um ein am Leib gespiegeltes Bewusstsein handelt, sondern um eine geistige Tätigkeit, die den Spiegel selbst, den Organismus, aufbaut und so die Voraussetzungen für das gespiegelte Ich- und Welt-Erleben schafft. Ich-Entwicklung würde dann auch bedeuten, dass das Ich Fortschritte in der Fähigkeit zur individuellen Leibbildung macht und den Organismus als Entwicklungsvoraussetzung und -ergebnis immer exakter gestalten kann. Dabei handelt es sich um eine zunächst unbewusste Willenstätigkeit, die in der karmischen Gestaltung nicht nur des Lebenslaufes, sondern eben auch der vorgeburtlich-leiblichen Gestaltbildung wirkt. Die oben erwähnte geistige Tätigkeit beziehungsweise das geistige Interesse, das Bewusstsein für diese Regionen erschließen kann, ist durch sich selbst willensgetragen und ermöglicht einen Anschluss an den Willen, der vorgeburtlich und im Schicksal wirkt.

In einem der so genannten Arbeitervorträge[102] beschrieb Rudolf Steiner den Unterschied zwischen Wachbewusstsein und Traumerleben. Im Traum ist das Ich nur ganz peripher mit dem Leib verbunden, deshalb bleiben Traumvorstellungen in ihrem Wirklichkeitsbezug problematisch. Im Tagesbewusstsein dagegen ist das Ich so auf den Organismus bezogen, dass der Leib die zunächst verwirrten Vorstellungen korrigieren kann. Interessanterweise behandelt Thomas von Aquin den Unterschied zwischen der Erkenntnis des Engels und derjenigen des Menschen in kongenialer Weise.[103] Er geht aus von der Frage, warum die menschliche Seele während der Erdenexistenz mit dem Leib verbunden ist und nicht leibfrei erkennen kann wie der Engel. Die Antwort lautet, dass der Mensch in einer leibfreien, das heißt engelähnlichen Existenz nur verworrene und verschwommene Vorstellungsbilder im Allgemeinen, also keine sichere Erkenntnis entwickeln könne; außerdem gebe es ohne den irdischen Organismusbezug der Seele keinen Erkenntnisfortschritt.

In der aristotelischen Tradition besteht also ein Zusammenhang zwischen der Ich-Entwicklung und der Leib-Beziehung des Menschen. Durch die Verbindung mit dem Leib wird das Ich zunehmend bewusst und damit individuell. Wenn Rudolf Steiner von Vorstellungen, Thomas von der Erkenntnis des Menschen spricht, ist damit auch der Bereich des Bewusstwerdens von Gefühlen und die Selbsterkenntnis gemeint. Umgekehrt gilt aber auch, dass der Organismuszusammenhang eine zunehmende Individualisierung, also Anmessung an die Entwicklungsgegebenheiten des Ich, erfährt. Denn indem sich das Ich die leiblichen Entwicklungsvoraussetzungen für die nächste Inkarnation jeweils vorgeburtlich schafft, gehen in den Aufbau des Organismus die Entwicklungsschritte des Ich ein. Wenn dieser Prozess gelingt, kann das Ich zunehmend angemessenere Entwicklungsvoraussetzungen im Organismus hervorbringen.

Eine solche Betrachtungsart führt dazu, dass sich der Begriff des Leibes zunächst von der rein anatomischen Vorstellung emanzipieren muss. Dieser neue, ungewohnte Begriff ist im

Heilpädagogischen Kurs Rudolf Steiners teilweise expliziert, wird aber teilweise auch einfach vorausgesetzt. Er kann dazu beitragen, den physisch-psychischen Zusammenhang anthropologisch zu begreifen und die Kluft zwischen Leib und Geist zu überwinden, damit also die Voraussetzungen für eine geisteswissenschaftliche Psychiatrie herstellen (vgl. das erwähnte «Votum zur Psychiatrie»).

Eine Gefährdung des ich-leibhaften Entwicklungsprozesses entsteht, wenn sich dieser Zusammenhang aufspaltet, beispielsweise indem das Ich mit dem Leib entweder zu stark identifiziert oder übermäßig gegen ihn differenziert wird. Dann kann sich der gegenseitige Entwicklungszusammenhang trennen. Der Leib spiegelt dann die Ich-Erfahrung nicht mehr in angemessener Weise, das Ich arbeitet nicht mehr konsequent in den Leib hinein. Im Extrem könnte etwa die Tendenz entstehen, den Leib nur noch von seinen physischen Bedürfnissen her zu begreifen und das Ich intellektualistisch zu abstrahieren. Eine solche «Menschenkunde» würde zu unscharfen Gattungsbegriffen des menschlichen Organismus führen, sodass er schließlich vom Leib des Tieres kaum noch zu unterscheiden wäre. Nicht mehr hinterfragte anthropologische Voraussetzungen («Der Mensch stammt vom Affen ab») verselbstständigen den Leib gegenüber der Ich-Entwicklung und abstrahieren letztlich das Ich von seinen irdischen (leiblichen) Existenzbedingungen – aber auch von seiner kosmisch-nachtodlichen Existenzform, die ja zumindest in der Hinorientierung auf eine neue Erdenexistenz wieder den Leibbezug herstellt.

Der mittelalterliche Aristotelismus, etwa in der Gestalt des Werkes von Thomas von Aquin oder von Albertus Magnus, wollte die Psychologie des Aristoteles mit der Christus-Anschauung des Neuen Testaments verbinden. In dem heute geisteswissenschaftlich aufzufassenden Begriff des Aristoteles vom «tätigen Geist» *(nous poietikos),* der als Ich-Kraft in der Leibbildung wirkt, kann dieses Bemühen entscheidend radikalisiert, intensiviert und zu sich selbst gebracht werden. Denn Christus hat in geisteswissenschaftlicher Sicht den Leib erneuert und damit die Voraussetzungen für zukünftige Ich-Entwicklung geschaffen. Damit wurde Christus zum «Heiland» der Menschen.

Leibliche und geistige Geburt

Das ältere Christentum kennt das Motiv der geistigen Geburt des Menschen. Gemeint ist dabei eine geistige Geburt *auf der Erde,* eine neue Menschwerdung, nachdem die irdisch-leibliche Geburt sich vollzogen hat. Dieses Motiv klingt beispielsweise im Taufsakrament an, aber auch als Ziel geistig-christlicher Entwicklung: die freie Geburt der Ich-Individualität nach der gebundenen des leiblichen Individuums.

Christus verbindet das natürlich-irdische mit dem geistigen Sein des Menschen. Es besteht kein Gegensatz zwischen beiden, aber auch keine Über- bzw. Unterordnung. In seiner leiblichen Existenz bildet der Mensch die eigene Individualität im *Sein* aus, die geistige Geburt bringt Individualität für das *Bewusstsein* hervor. Der Mensch hat als geistiges Wesen vorgeburtlich die eigene Leibesindividualität geistig vorbereitet; so ist der Leib in seiner Verursachung Geist. Durch die geistige Geburt kommt dieselbe geistige Individualität *unter den Bedingungen der Erdenexistenz* zum Bewusstsein ihrer selbst. Es handelt sich also um zwei irdische Geburten der Ich-Individualität: zunächst leiblich für das Sein, dann geistig für das Bewusstsein – und in beiden zusammen gibt sich die geistige Individualität als Ursache eine irdische Erscheinungsform.

In dieser Einstellung wird es möglich, auch das geistige Sein als Wirklichkeit, nicht nur als Bewusstsein und damit als weniger real gegenüber der leiblichen Existenz zu erleben. Was ist geistiges Sein, wenn man es nicht nur als Meinung, Glaubensüberzeugung oder subjektives Lebensgefühl verstehen will? Was ist geistiges Sein als Wirklichkeit jenseits von Weltanschauung und Hoffnung? Es ist die Realität, die der Mensch aus seiner vorgeburtlich-geistigen Existenz mitbringt und die die Kraft besitzt, das leibliche Sein geistig vorzubereiten und den Leib embryonal sowie im Kindheits- und im Jugendalter auszubilden. Es ist diejenige Realität, die Wachstum und Ernährung regelt, das Schicksal zunächst unbewusst gestaltet und Lebensbegegnungen bewirkt. In der älteren christlichen Überlieferung findet man das Bewusstsein, dass die Taufe den Menschen der irdisch-natürlichen Geburt mit dem Menschen in seiner geistigen Kraftursache verbindet. Christus erscheint dabei als dasjenige geistige Wesen, das diese Verbindung ermöglicht; durch die Verbindung wird der Mensch in die Gemeinschaft Christi aufgenommen. Durch die – zunächst in der Taufe noch ideelle, das heißt nicht eingelöste – Verknüpfung von individuellem Sein und individuellem Bewusstsein entsteht die Grundlage für die eigentliche Individualitätsentwicklung auf der Erde.

Eine so verstandene Taufe, aber auch eine so aufgefasste christliche Erkenntnisausrichtung kann nicht zum Ziel haben, das irdische Sein zu überwinden, zu «adeln» oder geringer zu qualifizieren. Es wird vielmehr auf den geistigen Ursprung des irdischen Seins hingewiesen und damit das Fundament für ein Bewusstsein gelegt, das die im Hintergrund wirksame, lebens- und schicksalsgestaltende Kraft zu erfassen vermag. In früheren Epochen der Menschheitsentwicklung wurde in dieser

Kraft intuitiv der Schutzengel erlebt. Heute ist es möglich, sich mit diesem geistigen Sein allmählich auf fast vollbewusste Weise zu verbinden, also Bewusstsein für die eigene Seinsgestaltung herzustellen und damit den Schutzengel gleichsam von seiner früheren Aufgabenstellung zu entbinden. Man blickt hier allmählich auf den Charakter des Geistselbsts im eigenen Sein, auf die Individualisierung des Geistes, die zur Lebensgrundlage wird. «Es wird das Leben dadurch durchchristet werden können, dass in Christus das Wesen empfunden wird, welches der Menschenseele die Anschauung ihrer eigenen Übersinnlichkeit gibt.»[104] So kann die Beziehung zu Christus «eine völlig konkrete, menschlich tief und klar zu erlebende werden»,[105] wenn in Christus das geistige Wesen erkannt wird, welches das eigene Sein bewusstseinsfähig macht und das eigene Bewusstsein mit Lebenswirklichkeit erfüllt.

Biografie würde dann darin bestehen, die bewusste irdische Existenz allmählich mit der im unbewussten Hintergrund wirkenden geistigen Kraft zu vereinigen und auf diesem Weg der Lebensgestaltung zu einer neuen Christus-Erfahrung zu gelangen, die darin bestehen kann, dass «dem Erleben mit Christus das gnadeerfüllte Einfließen des Geistigen in die Menschenseele zugeschrieben wird».[106] Für eine ältere kosmologische Anschauung werden auf diese Weise das Monden- und das Sonnenprinzip zusammengeführt: Die Sonne steht für die Wachstums- und Gestaltungskraft aus dem geistigen Licht, der Mond für die Bewusstseinsfähigkeit des Menschen. Der Mond selbst bringt weder die Kraft des Lichtes noch die der Lebensentstehung hervor, aber er macht dieses Licht sichtbar, bringt es zu Bewusstsein. Indem sich im Mond das Sonnenlicht spiegelt, wird es für den Menschen sichtbar – und erträglich, denn der Blick in die Sonne kann auch schaden. Wäre die Kreatur nur der Sonne ausgesetzt, so könnte sie nicht bewusstseinsfähig werden; eine reine Mondenexistenz dagegen hätte nur Abbild- bzw. Bewusstseinscharakter, aber keine Wirklichkeit.

Die Inkarnation des menschlichen Ich im irdischen Leib bedeutet nicht, dass die Seele im Leib gefangen ist; vielmehr inkarniert sich das Ich im Sinne des geisteswissenschaftlichen Reinkarnationsbegriffs *durch den Leib hindurch in der Welt* (vgl. beispielsweise den *Heilpädagogischen Kurs* Rudolf Steiners von 1924). Die Welt und der Leib des Menschen bestehen in der älteren Elementenlehre aus Erde, Wasser, Luft und Feuer (oder Wärme). Im Leib und in der Welt begegnet das menschliche Ich diesen Elementen und arbeitet mit und an ihnen, wird aber seelisch und leiblich auch von ihnen beeinflusst. Die Erde vermittelt physische Festigkeit; das Wasser bildet das Lebensprinzip, zum Beispiel in der Pflanze; die Luft schafft durch die Atmung bei Mensch und Tier ein seelisch-physisches Innen-Außen-Verhältnis auf der Erde; das Feuer vernichtet und verbrennt, bringt aber auch Entwicklungskraft und Wärme. Im Sakrament der christlichen Taufe erscheint – stellvertretend für die Beziehung des Menschen zur elementarischen Welt – das Wasser als das entscheidende Lebensprinzip, aber auch deshalb, weil das Wasser die Eigenschaft hat zu verbinden, zu verflüssigen, Zusammenhang herzustellen. Ausgegossenes Wasser hat immer die Tendenz, eine in sich geschlossene Oberfläche zu bilden, im Unterschied etwa zu der Vereinzelungstendenz von Sand und der Auflösungstendenz der Luft.

Was die Elemente im menschlichen Leib und in der Natur sind, bildet für den Menschen nicht nur die Grundlage des eigenen irdischen Seins, sondern auch ein seelisch-geistiges Erfahrungsfeld, das es außerhalb des irdisch-elementarischen Seins nicht geben könnte. Das Element der *Erde* gibt Gelegenheit, Tragkraft, Festigkeit, Gestaltbildung, aber auch Widerstand, Schwere und Zersplitterung zu erleben; in ihm werden entsprechende geistige Prozesse auf der Erde sinnlich erfahrbar, damit wird seelisch-geistige Wirklichkeit bewusstseinsfähig. Die irdische Begegnung mit dem *Wasser* kann Bewusstsein herstellen für seelische Vorgänge der Verbindung, des Zusammenhangbildens, der Geschmeidigkeit, auch der Reinigung und etwa des Strömens; das Wasser kann erlebbar machen, wie die Vereinzelung, die aus Festigkeit und Gestalt des Erdenelements entsteht, sozial und im Lebensprozess überwunden werden kann. Die Erfahrung des Ein- und Ausatmens der *Luft* macht die Differenzierung zwischen Innen und Außen, aber auch ihre Zusammengehörigkeit deutlich. Es ist dieselbe Luft im und außerhalb des Menschen, aber jeweils in ganz anderer Weise. Was verinnerlicht wurde, muss auch wieder nach außen entlassen werden, wenn physisch-ätherisches, aber auch seelisches Leben fortbestehen soll. Die Welt kann nicht nur draußen bleiben, sie muss auch nach innen geholt werden, muss in mir erlebnisfähig sein und sich mir zeigen, sonst könnte ich selbst nicht fortexistieren. Andererseits muss ich nach außen hin eine Ausdrucksform meiner selbst zeigen, seelisch wie leiblich, um in der Welt existieren zu können. Aus diesem Wechselspiel geht die *Empfindung meiner selbst in der Welt* hervor. – Schließlich werden *Feuer* und *Wärme* zu einer irdischen elementarischen Erfahrung, an die sich auch ihre seelisch-geistige Qualität anschließen kann. Es gibt innere und äußere Asche der Vernichtung, aus der Neues entstehen kann; eine Flamme gibt Licht, wärmt und verzehrt zugleich. Keine wirkliche Veränderung ohne das Licht der Einsicht, keine Entwicklung ohne Auflösung! Gegenüber der inneren Wärme zeigt sich die seelische Kälte und der gefrierende, unmenschliche Gedanke; das Feuer dient dem Menschen, solange er ihm Bewusstsein zuwendet, es kann ihm schaden, sobald es sich verselbstständigt.

So besitzen die Elemente eine äußere irdische und eine innere, seelisch-geistige Dimension; sie bilden die Schnittstelle zwischen Innen und Außen, zwischen Leib und Seele, Leib und

Geist. Sie gehören beiden Bereichen an, und das menschliche Leben ist aus ihnen zusammengesetzt. Ältere und neuere geistige Schulungswege führen zu einem Erleben der elementarischen Welt, aus dem ihre Erkenntnis möglich wird: als entscheidende Voraussetzung menschlicher Selbsterkenntnis.

Einen bildhaften Anklang findet die zweifache Wirklichkeit der Elemente auch in der christlichen Taufe. Die Eltern eines Kindes haben aus dem väterlichen und mütterlichen Blutstrom der Generationen die leiblich-irdische Seite der Elemente für die Leibesbildung zur Verfügung gestellt. Die Paten haben die Aufgabe, im Laufe des weiteren Lebens durch ihre Aufmerksamkeit auf die Entwicklung des Kindes die seelisch-geistige Wirkung des elementarischen Erlebens beizusteuern. Damit repräsentieren sie den geistigen Strom und die seelisch-geistige Entwicklung, die an die vorgeburtliche Existenz des Menschen anschließt. Sie sind Repräsentanten der Bewusstseinsbildung, die in dem beschriebenen Sinne das leiblich-irdische Sein mit seiner vorgeburtlichen geistigen Ursache verbindet.

In der älteren christlichen Überlieferung erscheint die Vorahnung einer Zukunft, in der Christus zum Herrn der Elemente wird. Im 13. Jahrhundert spricht Thomas von Aquin von einer damals noch als Weltenende verstandenen Zeit der elementarischen Reinigung. Zu den Vorgängen um das so genannte Jüngste Gericht wurde gezählt, dass die Elemente «gereinigt werden von der Verunreinigung, die sie sich durch die Sünden der Menschen zugezogen haben, und von der Unreinheit, die durch wechselseitiges Wirken und Erleiden bei ihnen entsteht».[107]

In einer solchen Anschauung klingt zweierlei an. Erstens wird angedeutet, dass das Sein der Elemente im Menschen seelisch wirkt und dort «verunreinigt», also in seinem wesentlichen Charakter gestört werden kann. Beispielsweise wäre daran zu denken, dass die stützende Wirkung der Erde zu problematischen seelischen Verhärtungen, die fließende Kraft des Wassers zu seelischen «Verwässerungen» entstellt werden kann. Solche problematischen Tendenzen zeigen die Elemente dann auch in der Natur, und Thomas sieht eine Zeit voraus, in der eine Klärung des elementarischen Seins stattfindet. Zweitens blickt er auf eine zukünftige Entmischung der Elemente in dem Sinne, dass etwa das Wasser Eigenschaften verliert, die es durch die Begegnung mit der Luft erhält; man denke beispielsweise an die zerstörende Kraft des Wassers, die sich aus einem Sturm über dem Meer ergibt. Thomas sieht hier eine zukünftige Beruhigung des elementarischen Seins, bei der etwa Luft und Wasser so zusammenwirken, dass Sein aufgebaut, aber nicht zerstört wird. Eine ähnliche Situation ist auch innerseelisch vorstellbar und beispielsweise darin zu sehen, dass feuriger Enthusiasmus der Seele nicht zum Fanatismus wird und damit die Innen-Außen-Relation des Menschen stört, sondern zur Belebung der Welt- und Menschenbeziehung der Seele beiträgt.

Gerade an der Betrachtung des elementarischen Seins kann deutlich werden, dass der Mensch Natur- und Geistwesen zugleich ist. Im 9. Jahrhundert spricht Johannes Scotus Eriugena in seiner Predigt über den Prolog des Johannes-Evangeliums davon, dass der Mensch wie in einer Werkstätte aus Geist und Natur zusammengeschmiedet ist. Darin besteht die Einzigartigkeit des Menschen im Kosmos, dass er als einziges Geschöpf beide Wirklichkeitsbereiche in sich verbindet. Der Engel gehört nur geistiger Realität an, das Tier bleibt stets naturbestimmt. In der Berührung beider Seiten im Menschen liegt der Ansatzpunkt für Ich-Entwicklung. Dann ist der Geist nicht mehr lebensfeindlich oder unlebendig, das Leben nicht mehr ungeistig. Im Sinne einer Ich-Wirklichkeit sind Wesen und Erscheinung nicht mehr zu trennen. Das Wesen des

Menschen erscheint natürlich-leiblich, und der elementarische Leib ist Ausdruck geistiger Realität.

Johannes Scotus Eriugena sagt in der erwähnten Predigt: «Der Mensch besteht nämlich aus Körper und Seele. Er verbindet den Körper aus dieser Welt und die Seele aus der anderen Welt und stellt so *eine* Herrlichkeit her. Und der Körper besitzt freilich die ganze körperliche, die Seele aber die ganze nichtkörperliche Natur: sofern diese Naturen zu einer Einheit verbunden werden, bilden sie die alles umfassende weltliche Zierde des Menschen. Deshalb wird der Mensch ‹alles› genannt, denn alle Natur wird in ihm wie in einer Werkstatt verbunden.»[108]

Schlussbetrachtung: Christus und das Schicksal des Menschen

In den vorangegangenen Kapiteln sind große Entwicklungslinien betrachtet worden. Geistesgeschichtliche Entwicklungsschritte über zweieinhalb Jahrtausende, theologische und philosophische Fragen standen im Mittelpunkt. Denker wie Origenes, Johannes Scotus Eriugena, Alanus ab Insulis, Thomas von Aquin und andere kamen exemplarisch zu Wort, zunächst «abstrakt» erscheinende Fragestellungen wie die Entwicklung des christlichen Aristotelismus, der arabischen Philosophie oder auch der Elementenlehre wurden zum Thema. Gerade in diesen Zusammenhängen stellte sich die Frage nach dem persönlichen Schicksal, sogar nach Gesundheit und Krankheit, nach Entwicklungsperspektiven der Individualität.

Mit Recht können an dieser Stelle Zweifel aufkommen, ob der erste («philosophische») Themenzusammenhang mit der zweiten Themenstellung (persönliches Schicksal) überhaupt in Verbindung zu bringen sei. Was hat der christliche Aristotelismus, was hat die Elementenlehre mit meiner persönlichen Entwicklungssituation, mit meinem inneren Erleben zu tun? – Der Verbindungspunkt liegt in der *geistigen Individualität* des Menschen; sie ist heute schicksalsbestimmend, sie bildet, oft unbemerkt, die Ursache des seelischen Erlebens und der entscheidenden zwischenmenschlichen Beziehungen. Eine solche michaelische Perspektive ist naturgemäß schwer zu verstehen und – was noch mehr Tragweite besitzt – auch nicht leicht zu ertragen. Dennoch kann sie als genuin anthroposophischer Ansatzpunkt gelten, was sich unmittelbar zeigt, wenn man beispielsweise die so genannten Karma-Vorträge Rudolf Steiners aus dem Jahre 1924 ins Auge fasst. Die «philosophischen» Themen Platonismus, Aristotelismus, Averroeismus, Thomismus, um nur einige zu nennen, werden herangezogen, um die persönliche Seelen- und Schicksalssituation des einzelnen Menschen seit dem Ende des 19. Jahrhunderts verstehen zu können. Um ein weiteres Beispiel zu nennen: In seiner Auseinandersetzung mit der Psychoanalyse hat Rudolf Steiner im Jahr 1917 deutlich gemacht, dass individuelle seelische Problematik und Krankheit nicht im seelischen Erleben, sondern in einer allgemeinen geistigen Fragestellung und Entwicklungshemmung begründet liegen.[109] Dementsprechend ist eine Therapie nur über menschlich vertretene (das heißt nicht gelehrte) geistige Begriffe vom Menschen möglich. Diese Perspektive wird später in dem schon mehrfach erwähnten «Votum zur Psychiatrie» (1920) und auch im *Heilpädagogischen Kurs* des Jahres 1924 vertieft, bis in die Gebiete schwerwiegender psychotischer Störungen hinein. In vielen anderen Darstellungen, zuletzt in dem Buch *Grundlegendes für eine Erweiterung der Heilkunst* (1925) wird diese Perspektive auch für Organerkrankungen durchgeführt. Das Gesamtwerk Rudolf Steiners verdeutlicht, dass er diese geisteswissenschaftliche Herangehensweise im Anschluss an den Impuls der Nächstenliebe in der christlichen Überlieferung versteht.

Es ist kaum zu bezweifeln, dass dieser Ansatz dem Erleben, aber auch den Denkgewohnheiten der Gegenwart zunächst widerspricht. Das hat zum einen den Grund, dass die naturwissenschaftliche Betrachtung weitgehend verinnerlicht wurde und, als selbstverständlich vorausgesetzt, auch das Selbsterleben der Menschen bestimmt (vgl. Kapitel II). Zum anderen rührt die Widerständigkeit aber auch daher, dass Anthroposophie selbst und insbesondere die geisteswissenschaftliche Menschenkunde eine gewisse Theorie-Praxis-Spaltung bisher nicht überwinden konnte, sie eher immer unüberwindlicher gemacht hat.

Man kann das Problem dahingehend zusammenfassen, dass es nicht darum geht, «Geisteswissenschaft» zu vertreten oder sich «anthroposophisch» zu verhalten. Die Grundfrage in der Beziehung zwischen Geisteswissenschaft und Kultur besteht viemehr darin, wie es gelingen kann, Geisteswissenschaft *menschlich* zu leben – allerdings auch nicht um den Preis «menschlich», dass dabei die Geisteswissenschaft verloren geht. Die Aufgabenstellung, die damit angesprochen ist, beinhaltet nichts Geringeres, als den in Kapitel III beschriebenen Michael-Weg zu Christus zu verstehen und anfänglich zu gehen. Darin hat Rudolf Steiner in der Tat für Gegenwart und nächste Zukunft den angemessenen Zugang zur Christus-Wirklichkeit gesehen und die Perspektive angedeutet, wie der Mensch seinen Schicksalszusammenhang mit Christus zur erlebten Tatsache gestalten kann.

«Die wirkliche Wissenschaft ist dasselbe wie der Gegenstand.» Dieser Satz findet sich im dritten Buch des Aristoteles *Über die Seele*.[110] Die Übersetzung des griechischen Textes könnte auch lauten: «Die wahre Erkenntnis ist identisch mit ihrem Gegenstand.» Diese Aussage gilt für geistige Erkenntnis schlechthin, indem diese nicht einfach Abbild einer unabhängig von ihr bestehenden Wirklichkeit ist. Geistige Einsicht kann nicht deskriptiv sein; die Erkenntnis des Engels bezieht sich nicht auf ein Wesen, das außerhalb und unabhängig von meiner Erkenntnis existiert. Vielmehr ist das geistige Wesen dort anzutreffen, wo es erkannt wird. Und zugleich gilt, dass in derselben Erkenntnis, mit der ich den Engel erkenne, der Engel mich erkennt. Paulus formuliert im ersten Korintherbrief (13,12): «Ich werde erkennen, wie auch ich vollständig erkannt sein werde.»

In unnachahmlicher Weise hat Johannes Scotus Eriugena im

9. Jahrhundert diesen Zusammenhang zum Ausdruck gebracht: «In jedem entsteht nämlich, was der reine Geist auf das Vollkommenste erkennt, und wird eines mit ihm. ... Denn der Engel entsteht im Menschen durch den Geist des Engels, der im Menschen ist, und der Mensch entsteht im Engel durch den im Engel gegründeten Geist des Menschen. Wer nämlich ... das reine Denken vollzieht, wird (entsteht) in dem, was er denkt. Die geistige und vernünftige Engelnatur ist also in der geistigen und vernünftigen menschlichen Natur ebenso geworden, wie die menschliche in der des Engels durch gegenseitige Erkenntnis, in der der Mensch den Engel und der Engel den Menschen denkt. Dies ist auch gar nicht wunderbar; denn auch wir selbst werden, indem wir uns miteinander unterreden, gegenseitig ineinander hervorgebracht. Indem ich nämlich denke, was du denkst, werde ich dein Geist und bin auf unaussprechliche Weise in dir geworden. Ebenso: wenn du in reinem Denken nachvollziehst, was ich durchaus denke, wirst du mein Geist, und aus den beiden Geistwesen wird eines, welches aus dem, was wir beide lauter und unverweilt denken, gebildet ist.»[111]

Der hier angedeutete Zusammenhang gilt nicht nur für die Beziehung von Mensch und Engel, sondern für jeden geistigen Gegenstand und jede geistige Erkenntnis. Es ist deutlich, dass damit die naive, aber tiefsitzende und das Lebensgefühl prägende Auffassung überwunden werden muss, bei der Wahrheit handele es sich um die Wiedergabe einer für sich bestehenden Wirklichkeit im Bewusstsein. Einen Schritt weiter führt die mittelalterliche Anschauung der Wahrheit als *adaequatio intellectus ad rem,* also als Angleichung des Denkens oder des Geistes an den Gegenstand. Hinzuzufügen wäre noch die andere Seite, dass nämlich sich der Gegenstand dem erkennenden Geist verähnlicht. Für den von Johannes Scotus angesprochenen Gegenstandsbereich würde dies bedeuten, dass sich der

Engel in dem Maße dem Menschen offenbart, wie dieser in sich engelgleiches Denken ausgebildet hat. Selbstverständlich muss an dieser Stelle Erkenntnisentwicklung und damit auch Erweiterung des Gegenstandsbereichs berücksichtigt werden; aber darüber hinaus einen «Engel an sich» anzunehmen, der vollständig jenseits menschlicher Erkenntnis existierte, wäre eine zwar logische, aber rein abstrakte Gedankenkonstruktion.

Damit besitzt die Erkenntnis geistiger Wirklichkeit denselben Charakter wie menschliche Selbsterkenntnis. Der zu erkennende Gegenstand kann nicht vorausgesetzt werden, sondern er entwickelt sich in der Erkenntnisbewegung, und umgekehrt kann sich diese Erkenntnisbewegung nur vollziehen, wenn ich selbst mich entwickele. Die geistigen Fähigkeiten, die ich mir zur Selbsterkenntnis erbilden muss, sind eine Selbstentwicklung, ohne die die Selbsterkenntnis nicht möglich wäre. Darüber hinaus würde sich für eine abstrakte Selbsterkenntnishaltung nichts zeigen, wenn diese nur erwarten würde, in ihr käme zur Darstellung, «wie ich eben bin». Selbsterkenntnis setzt die Kraft zu eigener Entwicklung voraus und impulsiert sie; damit «schafft» sie sich ihren eigenen Gegenstandsbereich, in dem nicht zum Ausdruck kommt, was ist, sondern das Wesen sich in dem zeigt, was aus der geistigen Bemühung entsteht. – Dieses Merkmal der Selbsterkenntnis gilt auch für das Christus-Verständnis, und darin ist die Beziehung von Anthropologie und Christologie begründet. Christus-Verständnis wird in der sich entwickelnden geistigen Auffassungsfähigkeit des Menschen, und indem sich diese Auffassungsfähigkeit ihrem Gegenstand angleicht, wird der Mensch «Christus-ähnlich». So kann sich der Mensch seinem Ideal nach in Christus erkennen, und Christus entsteht im Menschen in dem Maße, wie dieser sich seinem Ideal annähert.

Anmerkungen

1 Alanus ab Insulis: *Summa Quoniam homines.* Ed. P. Glorieux. AHMA 28 (1953), S. 137. – Vgl. Frank Teichmann: «Die Trichotomie-Frage in der Schule von Chartres»; in *Die Drei*, Beiheft 2 (November 1989), S. 9 ff. Außerdem Wolf-Ulrich Klünker: *Alanus ab Insulis. Entwicklung des Geistes als Michael-Prinzip*, Stuttgart 1993, S. 7 ff.

2 Rudolf Steiner: *Das Christentum als mystische Tatsache und die Mysterien des Altertums* (1902). Vorwort zur ersten Auflage, GA 8. – Zitate aus dem Werk Rudolf Steiners folgen der im Rudolf Steiner Verlag, Dornach/Schweiz erscheinenden Gesamtausgabe (GA).

3 Ders.: Vortrag vom 24. 4. 1917; in *Bausteine zu einer Erkenntnis des Mysteriums von Golgatha*, GA 175.

4 Thomas von Aquin: *Super evangelium S. Joannis lectura* (zur Stelle Joh. 5, 1–9).

5 A. a. O.

6 Thomas von Aquin: *Super evangelium S. Joannis lectura* (zur Stelle Joh. 17 f).

7 Rudolf Steiner: «Gnosis und Anthroposophie» (1925). In: *Anthroposophische Leitsätze*, GA 26.

8 A. a. O.

9 A. a. O.

10 Das Evangelium nach Thomas. In: Johannes Leipoldt, Hans-Martin Schenke: *Koptisch-gnostische Schriften aus den Papyrus-Codices von Nag-Hamadi*, Hamburg 1960, S. 12, Spruch 12.

11 A. a. O., Spruch 13.

12 Das Evangelium nach Philippus. In Johannes Leipoldt, Hans-Martin Schenke: *Koptisch-gnostische Schriften aus den Papyrus-Codices von Nag Hamadi*, Hamburg 1960, S. 46, Spruch 47.

13 Rudolf Steiner: Vortrag vom 12. 10. 1911; in *Von Jesus zu Christus*, GA 131.

14 Das Evangelium nach Philippus (siehe Anm. 12), S. 47, Spruch 56.

15 Origenes: *Vier Bücher von den Prinzipien (Peri archon), h*rsg. von Herwig Görgemanns und Heinrich Karpp. 2. Aufl. Darmstadt 1985, S. 771 f.

16 A. a. O., S. 775.

17 A. a. O., S. 773 f.

18 Das Evangelium nach Philippus (siehe Anm. 12), S. 43, Spuch 26.

19 A. a. O.

20 Johannes Scotus Eriugena: Über die Einteilung der Natur (De divisione naturae), zitiert nach: Wolf-Ulrich Klünker: *Johannes Scotus Eriugena. Denken im Gespräch mit dem Engel,* Stuttgart 1988, S. 151ff.

21 Das Evangelium nach Thomas (siehe Anm. 10), S. 23, Spruch 89.

22 A. a. O., S. 25, Spruch 107. Der Text folgt der Anm. 2 zur Stelle. Dieser Sinn ergibt sich aus dem anschließenden Satz: «Auch ich werde er werden.» Selbst wenn die vom Herausgeber gewählte Übersetzung beibehalten würde, änderte sich an der Grundaussage nichts («Wer von meinem Munde trinken wird, wird trunken werden»).

23 Das Evangelium nach Thomas (siehe Anm. 10), S. 11, Spruch 2.

24 A. a. O., S. 14 f, Spruch 23.

25 A.a.O., S. 26, Spruch 113.

26 Das Evangelium nach Philippus (wie Anm. 12), S. 41, Spruch 20.

27 A. a. O., S. 40, Spruch 12.

28 Johannes Scotus Eriugena: *Über die Einteilung der Natur (De divisione naturae), h*rsg. von Ludwig Noack, Hamburg 1981, II, S. 377. Migne PL 122, Sp. 997 b.

29 Origenes: *In Joannem* I. 37.

30 A. a. O. I. 11.

31 A. a. O. I. 3.

32 Das Evangelium nach Philippus (wie Anm. 12), S. 45f, Spruch 44.

33 A. a .O., S. 59, Spruch 113.

34 Die folgenden Ausführungen zu Albertus Magnus wurden zuerst abgedruckt in: Wolf-Ulrich Klünker: Nur der Mensch. Menschliche Seele und Erde im Werk des Albertus Magnus. In: *Zum Erstaunen bin ich da. Forschungswege in Goetheanismus und Anthroposophie,* hrsg. von Rolf Dorka u. a., Dornach 1998, S. 80 ff.

35 Albertus Magnus: *De intellectu et intelligibili,* lib. II, cap. XII:
Est autem hoc quoddam omnibus mirabilibus mirabilius, et omnibus

bonis melius, advertere de bonitate et largitate causae primae in reducendo ad se animam hominis. Cum in omni natura nihil sit propter vilius, formae quae fluunt continue in materiam ex luminibus causae primae et intelligentiarum, melius multo existentes in causa prima et in luminibus intelligentiarum quam in materia, nulla ratione fluunt in materiam propter esse quod habent in materia, licet materia appetat eas sicut divinum et bonum, sicut diximus in libro de *Physico auditu.* Nec potest hoc dici, quod fluunt ad hoc quod illae formae quae mundi dicuntur, largitatem suae fontalitatis ostendant: quia in rebus vilioribus consumere substantiam non est magnificae largitatis. Oportet igitur quod ad hoc fluunt, ut esse divinum aliquod et operationes divinas perficiant. Esse autem divinum et operationem non perficiunt nisi a materia separatae: et scimus quod non separantur nisi ab anima humana perfecta separatione: oportet igitur, quod per separantem a materia intellectum ad esse divinum reducuntur. Hujusmodi autem reductione non fit per intellectum mundi: quia illarum intellectus habet eas separatas in esse et operatione divina: fiet ergo necessario per intellectum hominis qui ad hoc habet vires et organa, ut a materia accipiat formas divinas.

Secundum autem omnia quae inducta sunt, forma non est sufficienter facta divina per hoc quod efficitur intellectus qui dicitur in effectu vel adeptus: sed divina fit per intellectum assimilantem, et eum qui vocatur divinus: igitur sic reducta confert esse divinum et operationem divinam: substantia autem habens esse divinum et operationem, non indiget aliquo: ergo anima sic reducta de sensibilibus et materia corporum, non indiget, eo quod materialia et instrumentalia organa non accepit secundum naturam nisi ad hoc ut ad esse divinum reduceretur: stat igitur substantiata et formata in esse divino in esse perfecta: et hoc vocaverunt Philosophi caducum alterius et immortalis vitae, per quam vere probatur animae humanae immortalitas.

36 Thomas von Aquin: *Über die Einheit des Geistes – De unitate intellectus. Über die Bewegung des Herzens – De motu cordis.* Hrsg. von Wolf-Ulrich Klünker. Stuttgart 1988.

37 Aristoteles: *Über die Seele* III, 430a 20.

38 A. a. O.

39 Thomas von Aquin: *Commentarium in Aristotelis librum de anima.* III, 1. X (Marietti no. 743)

40 A. a. O.

41 A. a. O. (no. 745).

42 A. a. O.

43 A. a. O. (no. 741).

44 Themistios: *Paraphrasis eorum quae de anima Aristotelis VI* (430a 25; Verbeke S. 231).

45 A. a. O., S. 232.

46 Averroes: *Commentarium magnum in Aristotelis de anima libros III*, 20 (Crawford S. 452).

47 Albertus Magnus: *De anima.* Zitiert nach : Joachim Sighart: *Albertus Magnus. Sein Leben und seine Wissenschaft,* Regensburg 1857, S. 335.

48 Albertus Magnus: *Die Einung mit Gott – De adhaerendo deo,* hrsg. von K. F. Riedler. Olten 1944, S. 28 f.

49 Albertus Magnus: *De vegetabilibus libu VII,* hrsg. von Karl Jessen. Berlin 1867 (Reprint Frankfurt/Main 1982), S. XXVI.

50 A. a. O., S. XXVII.

51 A. a. O., S. XXVIII.

52 A. a. O., S. 297–302.

53 A. a. O., S. 521.

54 A. a. O., S. 522.

55 Rudolf Steiner: «Der Mensch in seiner makrokosmischen Wesenheit» (1925); in *Anthroposophische Leitsätze,* GA 26.

56 A. a. O.

57 Rudolf Steiner: «Die menschliche Seelenverfassung vor dem Anbruch des Michael-Zeitalters» (1924); in *Anthroposophische Leitsätze,* GA 26.

58 Avicenna: *Das Buch der Genesung der Seele,* hrsg. von M. Horten, Frankfurt a. M. 1960, S. 648.

59 A. a. O.

60 A. a. O., S. 649.

61 A. a. O.

62 A. a. O., S. 650 f.

63 A. a. O., S. 648.

64 A. a. O., S. 593.

65 A. a. O., S. 593 f.

66 Thomas von Aquin: *Summa theologica,* I/II, 25, 4 (Deutsche Thomas-Ausgabe, Bd. 10, S. 59).

67 A. a. O. 26,4 (S. 63 f).

68 Vgl. beispielsweise die entsprechenden Darstellungen in Rudolf Steiners «Votum zur Psychiatrie» vom März 1920, in *Physiologisch-Therapeutisches auf Grundlage der Geisteswissenschaft. Zur Therapie und Hygiene*, GA 314; sowie im *Heilpädagogischen Kurs* vom Sommer 1924, GA 317.

69 Thomas von Aquin: *Summa theologica* Supplement 84,3 ad 1 (Deutsche Thomas-Ausgabe, Bd. 35, S. 425).

70 Thomas von Aquin: *Summa theologica* I/II, 24,2 ad 2 (Deutsche Thomas-Ausgabe, Bd. 10, S. 36 f).

71 Thomas von Aquin : *In Aristotelis libros De sensu et sensato (De memoria et reminiscentia) commentarium* I. II (Marietti S. 9).

72 Thoma von Aquin: *De motu cordis;* in Ders.: *Über die Einheit des Geistes / Über die Bewegung des Herzens.* hrsg. von Wolf-Ulrich Klünker. Stuttgart 1988, S. 106 ff.

73 Avicenna: *De medicinis cordialibus fragmentum,* hrsg. von S. van Riet, Louvain 1968 (Avicenna latinus), S. 206 f.

74 Thomas von Aquin: *De motu cordis* (siehe Anm. 72), S. 103.

75 A. a. O., S. 104.

76 A. a. O., S. 107.

77 A. a. O., S. 108 f.

78 A. a. O., S. 109.

79 A. a. O., S. 111.

80 Thomas von Aquin: *Summa theologica* I, 87,3. Vgl. dazu: Wolf-Ulrich Klünker: *Selbsterkenntnis der Seele. Zur Anthropologie des Thomas von Aquin.* Stuttgart 1990 (insb. Kap. III).

81 Thomas von Aquin: *Summa theologica* I, 87,1.

82 Rudolf Steiner: «Menschheitszukunft und Michael-Tätigkeit» (Okt. 1924); in *Anthroposophische Leitsätze,* GA 26.

83 A. a. O.

84 A. a. O.

85 Rudolf Steiner: «Das Michael-Christus-Erlebnis des Menschen» (Nov. 1924); in *Anthroposophische Leitsätze,* GA 26.

86 A. a. O.

87 A. a. O.

88 A. a. O.

89 A. a. O.

90 Rudolf Steiner: Leitsatz 156; in *Anthroposophische Leitsätze,* GA 26.

91 Ders.: «Die Freiheit des Menschen und das Michael-Zeitalter» (Jan. 1925); in *Anthroposophische Leitsätze,* GA 26.

92 A. a. O.

93 Rudolf Steiner: Vortrag vom 3. 8. 1924; in *Esoterische Betrachtungen karmischer Zusammenhänge,* Dritter Band, GA 237.

94 Matthäus 12,31 f: «Darum sage ich euch: Jede Sünde und Lästerung wird den Menschen vergeben werden, die Lästerung des Geistes aber wird nicht vergeben werden. Und wer ein Wort gegen den Menschensohn sagt, dem wird vergeben werden, wer aber gegen den Heiligen Geist spricht, dem wird nicht vergeben werden, weder in dieser noch in der zukünftigen Welt.» – Vgl. dazu: Thomas von Aquin: *Summa theologica* II/II, 14.1.2.; Thomas verwendet hier «Sünde» und «Lästerung» synonym.

95 Die folgenden Gesichtspunkte sind auch in zwei Aufsätzen des Verfassers enthalten: «Durch Christus lebt das Ich. Der Organismusbegriff und das Böse», in *Chiffren des 20. Jahrhunderts. Im Angesicht des Bösen,* hrsg. von Thomas Göbel und Heinz Zimmermann, Stuttgart 2000, S. 38 ff. – «Der Entwicklungszusammenhang von Ich und Leib. Gesichtspunkte einer christlich-aristotelischen Psychologie», in *Das Goetheanum,* 17/1999, S. 297 ff.

96 Rudolf Steiner: Vortrag vom 5. Juli 1924; in *Heilpädagogischer Kurs,* GA 317.

97 Ders.: *Von Jesus zu Christus,* GA 131.

98 Ders.: Vorträge vom 10. und 11. November 1917; in *Individuelle Geistwesen und ihr Wirken im Menschen,* GA 178.

99 Ders.: «Votum zur Psychiatrie»; in *Physiologisch-Therapeutisches auf Grundlage der Geisteswissenschaft. Zur Therapie und Hygiene,* GA 314.

100 Vgl. dazu auch *Das Herz des Menschen,* hrsg. von Paolo Bavastro und Hans Christoph Kümmell, Stuttgart 1999.

101 Vgl. zum Folgenden Thomas von Aquin: *Summa theologica* I, 88 und 89.

102 Rudolf Steiner: Vortrag vom 9. 4. 1923; in *Vom Leben des Menschen und der Erde. Über das Wesen des Christentums,* GA 349.

103 Thomas von Aquin: *Summe der Theologie* I, 88 und 89.

104 Rudolf Steiner: «Das Michael-Christus-Erleben des Menschen» (1924); in *Anthroposophische Leitsätze,* GA 26.

105 A. a. O.

106 A. a. O.

107 Thomas von Aquin: *Summa theologica*, Supplement 74.5. Deutsche Thomas Ausgabe, Bd. 35. Kommentiert von Adolf Hoffmann, Heidelberg/Graz/Wien/Köln 1958, S. 187.

108 Vgl. Wolf-Ulrich Klünker: *Johannes Scotus Eriugena, Denken im Gespräch mit dem Engel*, Stuttgart 1988, S. 98f.

109 Rudolf Steiner: Vorträge über Psychoanalyse; siehe Anm. 98.

110 Aristoteles: *De anima* III (430a). – Der griechische Text des Aristoteles spricht von der Wissenschaft oder Erkenntnis der Kraft, der Wirklichkeit oder der Tätigkeit nach. Das griechische Wort *energeia* wurde im lateinischen Aristotelismus als *actus* wiedergeben. So lautet die im Mittelalter wichtige lateinische Übersetzung der Stelle: *Et scientia in actu eadem est cum re.* Es handelt sich also um eine Erkenntnis, ein Wissen, eine Wissenschaft, die «aktuell» ist: tätig vollzogen, wirklich, real – im Unterschied zu potenziell, möglich, nicht realisiert (lat. *in potentia*, griech. *kata dynamin)*.

111 Johannes Scotus Eriugena: *De divisione naturae.* Zitat nach Wolf-Ulrich Klünker: *Johannes Scotus Eriugena Denken im Gespräch mit dem Engel*, Stuttgart 1988, S. 151 ff.

Wolf-Ulrich Klünker

Selbsterkenntnis der Seele

Zur Anthroposophie des Thomas von Aquin
104 Seiten, gebunden

Thomas von Aquin kann als der entscheidende Repräsentant mittelalterlichen Denkens gelten. Zu seinen Lebzeiten erreicht die scholastische Erkenntnis einen Höhepunkt. Menschengeist und Engel sind jetzt unterschieden. Vor allem Thomas von Aquin hat dazu beigetragen, dass nun geistige Individualität im Menschen gedacht werden kann, die sich von der kosmischen Geistigkeit der Engelwesen unterscheidet. Dieser wichtige Aspekt der Geist- und Seelenanschauung ist bisher noch nicht herausgearbeitet worden.
Thomas führt platonische und aristotelische Geistestradition zusammen. Dadurch wird es ihm möglich, einen Weg der Selbsterkenntnis für die menschliche Seele zu entwickeln. Auf diesem Weg begegnet die Seele in sich selbst dem Geist. Dabei kann der Menschengeist seine Eigenständigkeit gegenüber den höheren Hierarchien erleben.
Die Monografie soll diesen Erkenntnisansatz herausarbeiten. Dabei wird deutlich, warum Rudolf Steiner die Anthroposophie wiederholt an Thomas von Aquin angeknüpft hat.

Wolf-Ulrich Klünker

Selbsterkenntnis – Selbstentwicklung

Zur psychotherapeutischen Dimension der Anthroposophie
160 Seiten, gebunden

Der psychotherapeutische Ansatz der Anthroposophie greift den Entwicklungsimpuls der Psychoanalyse auf, indem sie nach der Verwandlung bzw. Bewusstmachung unbewusster Seelenkräfte fragt. Dabei entwickelt sie Erkenntnismittel, die dem unterbewussten Seelenleben wirklich angemessen sind. Bis in die Psychodiagnose und in das Organismusverständnis hinein bildet der anthroposophische Ansatz keine Alternative zum überkommenen Seelenverständnis, sondern dessen sachgerechte Weiterentwicklung.

Rudy Vandercruysse

Die therapeutische Dimension des Denkens

Anthroposophische Aspekte zur Psychoanalyse
192 Seiten, kartoniert

Rudy Vandercruysse stellt die zahlreichen, weit verstreuten Aussagen Rudolf Steiners zur Psychoanalyse zusammen und macht sie im Kontext des Steinerschen Werkes verständlich. Aus dieser Übersicht heraus wird auch das anthroposophische Anliegen im Bereich der Psychologie verständlich; Steiners Äußerungen lenken die Aufmerksamkeit immer wieder auf die zentrale Bedeutung des Denkens für die seelische Gesundheit. Um der Gefahr einer zunehmenden Dissoziation der verschiedenen Seelenkräfte entgegenzuwirken, ist ein Ich-Erlebnis wichtig, das in der eigenen Denktätigkeit gründet. Wie die Ich-Aktivität gestärkt und das therapeutische Element des Denkens gefördert werden kann, zeigt Rudy Vandercruysse an praktischen Übungen.